결국! 브랜드
Nothing but Brands

기업은 사라져도
브랜드는 남는다

초판 1쇄 인쇄	2022년 11월 22일
초판 1쇄 발행	2022년 11월 22일
지은이	노찬규
발행인	이동한
편집	임언영
디자인	김정웅
펴낸곳	(주)조선뉴스프레스
등록일자	2001년 1월 9일
등록	제301-2001-037호
주소	서울특별시 마포구 상암산로 34
	DMC 디지털큐브빌딩 13층
	(주)조선뉴스프레스 (03909)
편집문의	02-724-6710
구입문의	02-724-6750, 6742
값	15,000원
ISBN	979-11-5578-495-2 13320

결국! 브랜드
Nothing but Brands

기업은 사라져도
브랜드는 남는다

ChosunMedia
조선뉴스프레스

들어가며…

2022년 국내 화장품 제조자개발생산(ODM) 회사인 한국콜마가 100년 역사의 미국 콜마 본사의 브랜드 상표권을 모두 인수했다는 소식이 전해졌습니다. 인수 금액은 공개되지 않았지만 한국콜마가 전세계 콜마 브랜드의 중심에 서게 된 사건이었습니다. 우리에게 친숙한 삼성의 핸드폰 브랜드 '갤럭시(Galaxy)'는 한때 국내에서 유명세를 떨쳤던 오리엔트 시계의 대표 브랜드였으나 이제는 또 다른 모습으로 고객의 선택을 받고 있습니다.

좀 더 시간을 거슬러 우리나라 최초의 아이스크림콘인 '브라보콘'을 생산한 해태제과는 명실상부한 우리나라 1위 제과기업으로 인정받으며 성장하였으나 1997년 IMF 파고 속에 최종 부도 처리되는 운명을 맞았습니다. 그러나 여전히 '해태'는 '맛동산', '누가바' 등과 함께 우리에게 친숙한 브랜드로 남아있습니다. 2001년 7월 UBS 컨소시엄(JP모건·UBS 캐피털 등)이 '해태' 브랜드를 포함한 자산과 부채를 함께 인수했기 때문인데 당시 인수 금액의 70%가 넘는 금액이 브랜드 가치로 산정되었다고 합니다.

‘에프(F) 킬라’는 ‘까스명수’로 유명한 삼성제약의 살충제 브랜드였습니다. 그 시장에서 강력한 경쟁자였던 글로벌 기업 SC존슨(SC Johnson)은 ‘레이드’(Raid)라는 브랜드를 내세워 경쟁했으나 ‘에프킬라’의 브랜드 파워에 밀려 고전했습니다. 결국 SC존슨은 ‘에프킬라’ 브랜드의 매입을 시도했고 삼성제약은 1998년 상표와 공장을 한국존슨에 387억 원에 매각했습니다. 그리고 당시 거래 금액 중 77%가 브랜드 가치였던 것으로 알려졌습니다. 이후 한국존슨은 살충제 시장 점유율 1위를 결국 달성했습니다.

이처럼 기업의 오너십(Ownership)이 바뀌거나 심지어 사라져도 브랜드는 남아 우리의 선택을 기다리는 경우를 쉽게 찾아볼 수 있습니다. 브랜드 가치의 중요성을 단적으로 나타낸 예로, 손에 잡히지 않는 무형 자산인 브랜드가 실제로 시장에서 화폐 가치로 측정되고 또 거래되고 있는 것입니다. 그래서 오트밀로 유명한 퀘이커(Quaker)의 공동 창업자 존 스튜어트(John Stuart)는 "만약 우리 회사가 분해된다면 나는 공장과 설비를 내주더라도 브랜드를 지킬 것"이라고 단언했는지도

모르겠습니다.

우리의 많은 경영자들 역시 '브랜드 경영'의 중요성을 역설하고 있습니다. 그러나 여전히 '브랜드 관리'를 광고를 하거나 '까칠한' 언론을 상대하는 역할 정도로 인식하거나 "우리 회사는 B2B라 필요하지 않다"며 간과하기 일쑤인 것도 사실입니다. 이처럼 브랜드 관리가 한 회사 최고경영자(CEO)의 주요 의제(Agenda)로 설정되어 있지 않은 기업의 브랜드 관리는 파편적 역할에 그칠 수밖에 없고 따라서 성공하기 어렵습니다.

브랜드 관리의 개념은 '우리가 누구인가 하는 특성'에 대한 고찰에서 출발해 바로 그 '아이덴티티'가 연구개발(R&D), 생산, 마케팅, 판매 등 경영활동 전반에 걸쳐 스며들도록 해야 한다는 것입니다. 그렇기 때문에 나이키의 창업자 필립 나이트는 "고객들이 나이키의 광고를 TV에서 보는 순간부터 매장에 나가 신발을 신어보는 순간까지의 경험을 우리가 의도한 대로 일관되게 전달해야 한다"고 역설했습니다. 이처럼 브랜드 관리는 한 기업의 경영활동 전체를 아우르는 요체(要諦)와 같은 역할을 하기 때문에 전사적 차원의 총체적인 브랜드 관리('Holistic' Brand Management)가 이루어져야 합니다. 한 기업의 브랜드 관리가 최고 경영자의 최우선(Top Priority) 의제가 되어야 하는 이유입니다.

이 책은 브랜드 관리의 출발점이자 핵심인 '우리가 누구인가 하는 바로 그 특성' 즉, 브랜드 아이덴티티(Brand Identity)의 정립에서부터 △아이덴티티의 구체화 △복수의 브랜드 체계 관리 △브랜드 커뮤니케이션 방법론에 이르기까지 브랜드 관리 활동의 전반을 모두 다루고 있습니다. 기업이나 제품의 이름을 정하는 순간부터 마케팅 부서에서 이루어지는 판촉 활동은 물론 홍보 부서를 통해 이루어지는 커뮤니케이션에 이르기까지 모든 과정들이 책의 제목처럼 결국 브랜드로 귀결되기 때문에 가급적 최대한 많은 내용들을 담기 위해 노력했습니다.

책을 읽는 분들이 가급적 쉽게 이해할 수 있도록 학술적 접근보다는 현장의 경험을 많이 반영하고자 노력했습니다. 그러다 보니 관련 용어나 개념이 다른 이론서와 다소 차이가 있을 수 있음을 미리 밝힙니다. 더불어 책의 마지막 부분에는 SK그룹의 브랜드 관리 사례를 첨부하여 브랜드 관리가 실제 이루어지는 현장의 모습을 일부나마 전달하고자 했습니다. SK는 그룹 차원에서 지향해온 '행복 추구'의 정신을 SK 브랜드의 핵심가치로 정하고 이에 맞춰 그룹 차원에서 체계적으로 브랜드 관리 활동을 전개해 왔습니다.

졸저(拙著)를 발간함에 있어 서강대학교 전성률 교수님께 무한한 감사를 드립니다. 전 교수님은 우리나라 브랜드 관리론(論)의 일인자로서 강단에서는 물론 현업의 많은 후배들에게 '전략적 브랜드 관리'의 개념에 대해 눈을 뜨게 해주셨습니다. 뿐만 아니라 <결국! 브랜드>의 내용 중에 그의 강의 콘텐츠 활용도 흔쾌히 허락해 주셨습니다.

아울러 가족과 지낼 시간을 쪼개가며 각종 자료를 챙겨주는 등 도움을 준 후배 권오영(메타브랜딩 상무), 김형준(SK 브랜드 담당)에게도 감사의 뜻을 전하며 이 책이 빛을 볼 수 있도록 허락해 주신 SK그룹 수

펙스추구협의회 조대식 의장님과 지주회사인 SK(주)의 장동현 부회장님께도 깊은 감사의 인사를 드립니다.

지난 시간 틈틈이 모아온 자료들이 더 오래되기 전에 출간(出刊)의 용기를 낸 만큼 브랜드 관리의 개념과 방법론을 배우고자 하는 대학생이나 기업의 CBO(Chief Brand Officer)를 꿈꾸는 현업의 후배분들에게 유용하게 쓰이기를 바랍니다.

추천의 글

강력한 브랜드는 기업이 가질 수 있는 가장 소중한 무형자산으로서, 최근처럼 급변하는 마케팅 환경의 불확실성에 효과적으로 대응하기 위한 소중한 전략자산입니다. 하지만 아직도 실무 차원에서는 브랜드 관리 활동을 광고나 네이밍에 국한시켜 생각하는 미시적 시각이 존재하는 것이 현실이며 전략적인 사고에 기반한 체계적 브랜드 관리 활동에 대한 지식을 갖춘 브랜드 전문가들은 산업에서의 수요에 비해 무척이나 부족한 실정입니다. 이런 현실에서 이론은 물론 현장의 생생한 경험에 기반한 '브랜드 관리'에 관한 사례를 다룬 이 책이 출간된 것은 무척 반가운 일이 아닐 수 없습니다.

이 책의 저자인 노찬규 부사장은 과거 선경, 유공, 한국이동통신 등으로 나뉘어져 있던 선경그룹의 사명 체계를 SK로 통합하는데 주도적인 역할을 했으며 '행복날개'로 상징되는 그룹 CI 체계의 개발은 물론 그룹 전반적인 브랜드 관리 체계의 기반을 다진 주인공이라 할 수 있습니다. 저는 SK그룹 및 주요 계열사들의 브랜드 관리 활동에 직·간접적으로 관여해 오면서 저자와 인연을 맺게 되었습니다. SK의 브랜드 관리 활동은 전략·조직·시스템·역량이라는 네 가지 축을 중심으로 이루어져 왔고, 그 과정에서 저자는 그룹 차원의 브랜드 아이덴티티 정립·브랜드 아키텍처 설계·구성원의 브랜드 관리 역량 강화를 위한 교육 프로그램 개발 등 브랜드 관리의 전체적인 프레임웍을 현업에 체계적으로 반영하고자 노력했습니다.

저는 저자가 이론적 지식과 오랜 기간 현장에서 쌓은 풍부한 경험을 이 책을 통해 녹여내어 브랜드 관리의 기본 개념에서부터 전략 수립과 커뮤니케이션에 이르기까지 브랜드 관리에 필요한 주요 내용들이 현장의 생생함과 함께 잘 전달되리라 생각합니다. 또한, 학교나 기업에서 브랜드 관리에 대한 더욱 실무적인 지식과 경험을 접할 수 있는 좋은 기회가 될 것으로 믿습니다.

전성률 교수
서강대학교 경영학부학장·경영전문대학원장

Contents

Part 3
브랜드 이미지 구축하기
브랜드 커뮤니케이션

부록:
SK 브랜드 관리 사례

Part 1

브랜드에
대한

기본
개념들

1
정말 '돈이 되는' 브랜드

마케팅의 고전인 <Positioning>의 저자 알 리스(Al Ries)는 브랜드를 다음과 같이 정의하고 있다.

"브랜드는 비슷한 기능을 제공하는 평범한 물건(Commodity) 보다 소비자가 더 많은 가격을 지불하는 재화나 서비스를 말한다."

그리고 이를 뒤집어 말하면 다음과 같다. 소비자가 특정 회사의 제품이나 서비스에 대해 경쟁사 보다 높은 가격을 지불하지 않는다면 그 회사는 브랜드를 보유하고 있다기 보다는 명목상의 이름만을 갖고 있는 것과 같다.

아무리 좋은 품질의 제품을 시장에 내놓더라도 고객이 제품을 모르거나 그 특징을 이해하지 못한다면, 혹은 잘 알더라도 선택하지 않는다면 그 기업은 시장에서 점차 잊혀지고 사라질 수밖에 없다. 이와는 반대로 시간이 흐르고 시대가 바뀌어도 변함없이 고객으로부터 사랑받고 선택받는 제품을 많이 보유하고 있다면 그 기업은 시장에서 오랫동안 생존할 가능성이 높아진다. 경영 활동의 궁극적 대상

100대 글로벌 브랜드 기업 순위 Interbrand (2021)

Best Global Brands 2021
The ranking of the 100 most valuable global brands

01 Apple +26% 408,251 $m	02 amazon +24% 249,249 $m	03 Microsoft +27% 210,191 $m	04 Google +19% 196,811 $m	05 SAMSUNG +20% 74,635 $m	06 Coca-Cola +1% 57,488 $m	07 Toyota +5% 54,107 $m	08 Mercedes +3% 50,866 $m	09 McDonald's +7% 45,865 $m	10 Disney +8% 44,183 $m
11 Nike +24% 42,538 $m	12 BMW +5% 41,631 $m	13 LOUIS VUITTON +16% 36,766 $m	14 TESLA +184% 36,270 $m	15 FACEBOOK +3% 36,248 $m	16 CISCO +6% 36,228 $m	17 intel -3% 35,761 $m	18 IBM -5% 33,257 $m	19 Instagram +23% 32,007 $m	20 SAP +7% 30,090 $m
21 Adobe +36% 24,832 $m	22 CHANEL +4% 22,109 $m	23 HERMÈS +20% 21,600 $m	24 J.P.Morgan +6% 21,401 $m	25 HONDA -2% 21,315 $m	26 YouTube +21% 20,905 $m	27 IKEA +6% 20,034 $m	28 Pepsi +4% 19,431 $m	29 UPS +1% 19,377 $m	30 +2% 19,075 $m
31 GE +3% 18,420 $m	32 accenture +7% 17,758 $m	33 GUCCI +6% 16,656 $m	34 Allianz +17% 15,174 $m	35 HYUNDAI +6% 15,168 $m	36 NETFLIX +19% 15,036 $m	37 Budweiser -4% 15,022 $m	38 salesforce +37% 14,770 $m	39 VISA +19% 14,741 $m	40 NESCAFÉ +6% 14,466 $m
41 SONY +20% 14,445 $m	42 PayPal +36% 14,322 $m	43 H&M +1% 14,133 $m	44 Pampers -8% 13,912 $m	45 ZARA -9% 13,503 $m	46 Audi +8% 13,474 $m	47 VW +9% 13,423 $m	48 AXA +10% 13,408 $m	49 adidas +11% 13,381 $m	50 +18% 13,065 $m
51 Starbucks +18% 13,010 $m	52 Ford +2% 12,861 $m	53 L'ORÉAL 0% 12,501 $m	54 citi +5% 12,501 $m	55 Goldman Sachs +3% 12,491 $m	56 ebay 0% 12,285 $m	57 Philips +4% 12,088 $m	58 PORSCHE +4% 11,739 $m	59 NISSAN +5% 11,131 $m	60 SIEMENS +5% 11,047 $m
61 Gillette -8% 10,657 $m	62 Nestlé +4% 10,646 $m	63 hp +8% 10,481 $m	64 HSBC +2% 10,317 $m	65 DANONE -8% 9,846 $m	66 Spotify +18% 9,762 $m	67 3M +3% 9,702 $m	68 Colgate +4% 9,629 $m	69 Morgan Stanley +6% 9,380 $m	70 Nintendo +26% 9,197 $m
71 LEGO +21% 9,082 $m	72 Kellogg's -9% 8,642 $m	73 Cartier +9% 8,161 $m	74 Santander +8% 8,100 $m	75 FedEx +2% 7,548 $m	76 Ferrari +12% 7,160 $m	77 DIOR +17% 7,024 $m	78 Corona +6% 6,952 $m	79 Canon -14% 6,897 $m	80 DHL +7% 6,747 $m
81 JACK DANIEL'S +4% 6,537 $m	82 CAT +11% 6,503 $m	83 LinkedIn +22% 6,368 $m	84 Hewlett Packard Enterprise -5% 6,313 $m	85 HUAWEI -2% 6,196 $m	86 KIA +4% 6,087 $m	87 Johnson&Johnson +3% 5,937 $m	88 Panasonic 0% 5,832 $m	89 Heineken +4% 5,720 $m	90 Jim's Disney +5% 5,616 $m
91 zoom +24% 5,536 $m	92 TIFFANY & CO. +10% 5,484 $m	93 KFC +6% 5,428 $m	94 PRADA +20% 5,416 $m	95 Hennessy +3% 5,299 $m	96 MINI +5% 5,231 $m	97 BURBERRY +6% 5,195 $m	98 LAND ROVER 0% 5,088 $m	99 Uber -4% 4,726 $m	100 SEPHORA New 4,628 $m

<출처: Interbrand 홈페이지>

Nothing but Brands

은 고객이므로 고객의 인식과 선택에 따라 기업의 존속과 성장 여부가 달라진다. 그리고 **기업과 고객을 연결해 주는 매개체가 바로 브랜드**로, 기업은 브랜드를 통해 고객에게 자사 제품과 서비스의 가치와 이미지를 전달하고 매출이라는 직접적인 성과와 함께 우호적인 시장 기반을 획득할 수 있다. 반면 고객은 직접 또는 간접적인 경험을 통해 브랜드를 신뢰하고 선택함으로써 선택에 따르는 비용을 줄이고 자신이 추구하는 가치를 얻을 수 있게 된다.

이처럼 기업과 고객을 연결하는 매개체 역할을 통해 기업에게 궁극적인 성장의 기반을 제공한다는 점 때문에 글로벌 기업들은 일

인수 기업의 브랜드 가치

	거래 가격	Brand 가치	
해태제과	4,900억	3,600억(74%)	JPMorgan UBS
ROCKET	815억	6660억(81%)	The Gillette Company
IBM.	385억 7천 달러	297억 달러(77%)	lenovo
KRAFT	129억 달러	116억 달러(90%)	PM PHILIP MORRIS USA

찍부터 브랜드를 중요한 자산으로 인식하고 체계적인 관리를 통해 강력한 브랜드 파워를 구축하고자 노력해왔으며 이렇게 구축된 브랜드의 힘을 통해 지속적인 경쟁우위를 확보하고 있는 것이다.

지식 기반의 경제 패러다임에서 기업 경쟁력을 결정하는 핵심 요소가 과거 생산 설비나 금융 자본 등 유형 자산에서 인적 자본, 브랜드 가치 등 무형 자산으로 바뀐지 오래다. 이러한 무형 자산의 가치는 기업을 사고파는 인수ㆍ합병(M&A)의 사례에서 극명하게 나타난다. M&A 시장에서는 기업이 보유하고 있는 공장이나 토지, 생산 설비 등 유형 자산 외에 기업의 무형 자산인 특허나 브랜드, 영업권의 가치를 환산하여 기업 거래 가격에 반영하고 있다. 그리고 주요 M&A 사례에서 거래 가격의 상당 부분이 브랜드 자산으로 이루어져 있는 경우를 어렵지 않게 찾아볼 수 있는 것 처럼 브랜드가 기업 가치에서 차지하는 비중은 날로 높아지고 있다. '브랜드 자체가 돈'이 되는 시대인 것이다.

2
강력한 브랜드의 혜택

브랜드의 가장 중요한 효익(效益)은 **고객에게 그들이 원하는 가치를 제공함으로써 다른 제품보다 높은 가격에 판매될 수 있도록 해준다**는 것이다. 이를 **가격 프리미엄(Price Premium)**이라고 하며 이를 통해 경쟁 기업보다 높은 매출 성과를 창출할 수 있다. 동일한 커피라도 '스타벅스'라는 브랜드가 붙은 커피는 브랜드가 없는 일반 커피보다 높은 가격을 받을 수 있다. 이는 '스타벅스'라는 브랜드가 커피의 맛 자체나 판매하는 장소만을 의미하는 것이 아니라 고객

가격 프리미엄(Price Premium)

같은 맛의 커피에 대한 시음 테스트를 통해 가격 프리미엄을 확인할 수 있다.

의 마음속에 또 다른 가치를 주기 때문이다. 이처럼 차별화된 가치를 줄 수 있다면 고객은 조금 더 비싼 가격을 주더라도 자신이 좋아하고 신뢰할 수 있는 브랜드의 제품을 구매하게 되는 것이다.

브랜드의 또 다른 혜택은 바로 **'차별화'**(Differentiation)이다. 기업은 브랜드에 대한 지속적인 투자를 통해 자사의 제품이 다른 경쟁 제품과 차별화될 수 있는 특유의 연상과 의미를 확보하고자 노력한다. '볼보하면 생각나는 것'과 'BMW의 그것'은 분명 다를 것이다. 볼보에서는 '안전'(Safety)을 연상하는 사람이 많겠지만 BMW를 타는 사람에게서는 왠지 모르게 '젊은 전문직 종사자'의 이미지를 느끼게 되는 이유는 바로 해당 브랜드가 가진 차별적 특성 때문이다.

브랜드 차별화(Differentiation)

안전

젊음

강력한 브랜드의 효익

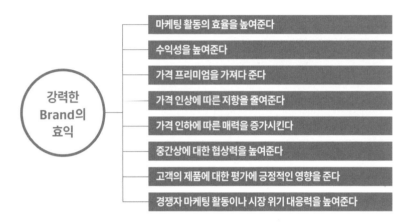

이를 통해 고객들은 제품 선택과 관련된 의사결정을 내리기 위해 여러 가지를 고민해야 하는 시간적, 물리적 비용을 줄일 수 있으며 기업의 입장에서는 자사의 브랜드를 선택해야 하는 이유를 고객들에게 제시함으로써 회사의 매출을 증대시킬 수 있는 것이다.

이외에도 강력한 브랜드는 **가격 인상에 대한 고객의 저항이 상대적으로 적으며** 반대로 가격이 하락할 경우에는 고객들의 구매 의도를 증가시키는 효과를 가져올 수 있다.

강력한 브랜드의 또 다른 혜택은 **제품 유통 과정에서 비즈니스 파트너(BP)들이 다른 제품으로 이탈할 가능성을 줄여준다**는 것이다. 강력한 브랜드는 제품 자체의 가치뿐만 아니라 판매 촉진이나 유통 프로그램 등을 통해서도 고객들에게 효용성을 제공해 고객의 관심과 충성도(Loyalty)를 창출해낼 수 있다. 따라서 BP들은 경쟁력 있는 브랜드의 제품을 계속 구매할 가능성이 높은 것이다. 아울러, 경쟁자의 마케팅 활동이나 시장 위기 때 강력한 브랜드는 **다양한 대응 전략을 통해 경쟁력을 유지**하는데 용이하다. 이미 구축된 브랜드 자산을 기반으로 제품의 품목 수를 늘리는 전략을 쓰거나 멤버십 또는 마일리지 서비스 등을 통해 고객들이 기존 브랜드를 변경할 때 드는 비용(Switching Cost)을 증가시켜 경쟁자들의 시장 진입을 억제하는 등 전략 선택의 폭이 넓고 효과적이라는 장점도 있다.

이러한 브랜드의 효익은 한 순간에 이루어지는 것이 아니라 오랜 시간에 걸친 마케팅 활동과 제품과 서비스에 대한 **'경험'**을 바탕으로 고객의 마음 속에 **'인식'**(Perception)을 형성하게 되는 것이므로 쉽게 만들 수 있거나 모방될 수 있는 것이 아니다. 그렇기 때문에 기업에게는 시장에서 비교 우위를 확보할 수 있는 강력한 수단이 되는 것이다.

3
브랜드의 정의

그렇다면 이처럼 강력한 효익(效益)을 주는 브랜드(Brand)란 무엇인가? 수많은 정의를 내릴 수 있겠지만 브랜드의 개념은 간단하게 **'이름과 상징, 그리고 여기에 투영된 가치 혹은 이미지'**라는 키워드로 풀이할 수 있을 것이다. 브랜드는 손으로 잡을 수 있는 물질적 형태로 존재하는 것이 아니다. 특정 브랜드를 알거나 접해본 고객의 마음속에 다양한 '인식'(Perception)의 형태로 존재하게 된다. 즉, 브랜드의 이름(Name) · 심벌(Symbol) · 캐릭터(Character) · 포장(Package) · 디자인(Design) · 슬로건(Slogan) 등 **다른 제품 또는 서비스와 구별해 주는 브랜드 요소(Elements)**들 뿐만 아니라 경영 활동의 결과로 형성된 **인지도 · 이미지 · 품질 인식 · 사용 경험을 비롯, 그 결과로 형성되는 고객 충성도(Loyalty) 등을 포괄하는 총체적 무형자산**이 바로 브랜드인 것이다.

여기에서 중요한 것은 브랜드의 정의를 외우기 보다 브랜드에 있어 **'연계성'(Association)**과 **'차별성'(Differentiation)**을 이해

브랜드 연상 요소

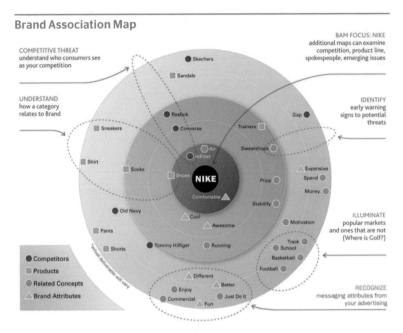

고객이 나이키에 대해 지니고 있는 다양한 연상 또는 이미지 분석을 통해 경쟁자에
대한 분석 및 이미지 수용 경로 등 다양한 전략적 시사점을 도출할 수 있다.

<출처: 닐슨온라인>

해야 한다는 것이다. 그리고 이 두 가지 개념은 **브랜드의 핵심 요소
이자 전략 수립의 대상이기도 하다.** 브랜드는 한가지 독립된 개념의
형태로 존재하는 것이 아니라 수많은 연상 이미지(혹은 가치)들이
서로 연결되어 있고 경쟁 브랜드와 차별성을 지니고 있다. 아니, 반

드시 지니고 있어야 한다. 의도했건 결과적으로 형성되었건 이 두 가지 요소가 없다면 시장에서 성공한 브랜드가 될 수 없다. 그리고 **"브랜드의 어떤 요소들을 전략적으로 연결시키고 경쟁 브랜드와 어떻게 차별화할 것인가?"**에 대한 답을 찾는 것이 바로 브랜드 전략 수립의 핵심 요소가 되는 것이다.

4
브랜드·상표·상호의 차이

브랜드를 관리하는 당사자나 마케팅을 담당하는 현업의 많은 관리자들조차 **'브랜드'와 '상표(商標)', '상호(商號)'의 개념**에 대해 정확하게 이해하지 못하고 있는 경우가 많다. 그리고 여기에는 **법적인 측면이 포함**되어 있어 이에 대한 이해 부족으로 신제품 개발·출시나 기업명 변경 등의 과정에서 작게는 수십억 원, 크게는 수백억 원의 손실을 감수해야 하는 경우를 어렵지 않게 찾아볼 수 있다. 따라서 브랜드 관리나 마케팅 관련 업무의 수행은 물론 일상 생활에서도 이들 개념간의 차이를 명확하게 이해하고 있는 것이 필요하다. 그렇다면 어떻게 그 차이를 쉽게 설명할 수 있을까? 우리 주변에서 흔하게 찾아볼 수 있는 가상의 이야기를 통해 알아보자.

오랫동안 치킨 가게를 운영해온 A씨는 심혈을 기울여 개발한 새로운 양념 제조 비법을 무기로 새롭게 매장을 내면서 그 이름은 '꼬꼬댁 치킨'으로 정했다. 맛의 차별화는 기본이고 인테리어에도 특별히 신경을 쓰는 등 공을 들인 덕에 '꼬꼬댁 치킨'은 입소문을

Nothing but Brands

타고 문전성시를 이루게 되었다. 그리고 얼마 지나지 않아 다른 지역에도 지점을 내는 등 사업을 확장해 나가기 시작했다. 그런데 이렇게 사업이 순항 중이던 상황에서 A씨는 예상치 못한 '상표권 침해' 소송을 당하게 되었고 법적 다툼 끝에 결국 패소(敗訴)했다. 그 결과 그는 벌금과 함께 매장의 간판 교체는 물론 이전에 제작한 모든 판촉물도

상표권 침해 소송 사례

해외 유명 브랜드와 상표권 분쟁을 겪은 국내 치킨 프랜차이즈 '푸라닭'과
'루이비통닭' <출처: 조선일보 기사 캡쳐>

폐기하는 등 손해를 감수해야 했다. 물질적 손해는 차치하더라도 그동안 쌓아온 '꼬꼬댁 치킨'의 인지도와 평판 훼손 등의 피해도 계산하기 어려운 지경이 되었다.

무엇이 문제였을까? 바로 그동안 사용해온 '꼬꼬댁 치킨'은 이미 제3자에 의해 **'상표 등록'**이 되어 있었던 것이었다. A씨 역시 '등록'을 했지만 그의 법적 행위는 **'상호'**에 대한 등록으로 **'상표' 등록과는 다른 개념**이었던 것이다. 이해를 돕기 위한 가상의 사례였지만 수천억 원의 매출을 올리는 기업에서도 이와 유사한 상표권 침해 소송 사건은 쉽게 찾아볼 수 있다. 특히 해외 진출의 경우 이와 같은 상표 관리에 대한 어려움을 호소하는 기업이 적지 않다.

이제 이들 세 가지 개념을 정리해 보자. 앞서도 설명했듯이 **브랜드는 '이름과 상징, 그리고 여기에 투영된 가치 혹은 이미지'와 같이 가치 지향적 개념**이다. 법적인 측면보다는 연상이나 태도 등을 의미한다. 이에 반해 **상표 및 상호는 법적 권리 측면의 개념**으로, 상호는 영업 활동상 자기를 표시하기 위하여 사용하는 명칭이자 영업 행위를 하기 위해 가장 기본적으로 확보해야 하는 최소한의 요건이다. 여기서 중요한 것은 **상호는 영업장이 속한 행정 구역, 우리 나라의 경우 구(區)에 한해 효력이 미친다**는 것이다. 예를 들어 상호 등록을 강남구(청)에 신청하는 경우 동일 지역에 같은 상호가 없는 한 등록

될 것이고 사업을 할 수 있다. 다만, 모든 상업적 행위의 법적 효력은 해당 행정구역 내에서만 발생한다.

　　이에 반해 **상표는 기본적인 이름은 물론 타인과 구별하기 위한 문자 · 기호 · 도형 또는 이들을 결합한 것으로, 이에 대한 등록 기관은 해당 국가의 '특허청'이며 그 효력은 국가 내 전 지역**에 미친다. 따라서 상표 등록 및 이에 따른 권리를 확보하지 못한 상태에서 상호 등록만으로는 마케팅 활동에 대한 법적 보호가 불가능한 것이다. 즉, 상호 등록은 반드시 밟아야 하는 기본 절차이며 상표 등록은 타인에 의한 도용(盜用) 방지 등 브랜드를 좀 더 적극적으로 보호하기 위한 행위인 것이다. 한 기업의 브랜드 관리가 법무(法務) 기능과 협업해야 하는 이유다.

　　여전히 '원조'라는 표현을 놓고도 여러 분쟁이 일고 있다. 결국 '원조'는 누가 처음 시작했느냐의 문제가 아니라 누가 먼저 상표 등록을 했느냐의 문제인 것이다.

　　우리나라에서는 상표 등록 체계를 특허정에서 업종별로 48류로 분류하여 등록 · 관리하고 있다. 많은 기업들이 유사 상표에 대한 보호 목적으로 복수의 브랜드를 선(先) 등록하는 경우가 많기 때문에 갈수록 좋은 이름을 확보하기 어려운 것이 현실이다. 물론 불(不) 사용에 의한 취소 심판, 부정(不正) 사용에 의한 취소 심판 등 법적 보호 장치가 있기는 하지만 새로운 상품의 개발 단계부터 등록 가능한 상표 검색 및 등록은 필수적이다. 특히 해외 시장에 진출할 때는 각국의 관련 법 체계가 상이할 수 있기 때문에 이를 전문적으로 지원해 줄 수 있는 변호사, 혹은 변리사와의 협의가 필수적이다. 중소기업일수록 관련 인력 및 전문성 부족으로 상표 분쟁을 겪거나 피해를 보는 경우가 많은 것이 현실이다. 상표 침해로 결론나는 경우 소송 자체의 부담은 물론이고 신인도 하락에 따른 매출 감소 등 그 피해가 클 수 밖에 없기 때문에 더욱 주의가 필요하다.

상표 분쟁 관련 신문 기사

<출처: 아시아경제 신문 캡쳐>

이에 대해서는 다음 파트에서 추가로 설명되어 있다.

또 한 가지, 해외에서는 알파벳 두 자로 이루어진 브랜드는 등록 여부와 관련 없이 상표로서 법적 보호를 받지 못한다는 점을 기억해두자. 상품은 물론 LG나 SK, GE와 같은 기업 브랜드가 특정 심볼(Symbol)을 항상 함께 쓰는 이유가 바로 여기에 있다. 국내에서는 '인지저명(仁智著名)'이라는 측면을 인정받아 법적으로 보호될 수 있지만 해외에서는 SK로 등록되고 보호받는 것이 아니라 '행복날개'라는 심볼을 통해, 또는 'SK+행복날개'의 결합된 형태로 등록되고 보호받는 것이다. 다시 말해 알파벳 두 자로 구성된 브랜드·상표의 경우 심볼만 등록되거나 '사명+심볼'의 형태로 등록되는 것이 일반적이라는 의미다. 따라서 해당 로고의 디자인이 독특하고 차별성이 뛰어날수록 법적 보호를 받기도 용이하다.

알파벳 두 자 브랜드

용어 정리

검색

개발한 사명(社名)이나 제품명이 사용하고자 하는 나라에서 등록에 문제가 없는지 또는 법적 분쟁 발생시에 승소 가능성 등을 사전에 판단하는 것으로 지역에 따라 국내검색과 해외검색, 대상에 따라 상표검색과 상호검색으로 구분한다. 우리나라의 상표 분류 체계 및 검색은 한국특허정보원의 홈페이지(www.kipris.or.kr)를 통해 무료로 이용할 수 있다.

R표기와 TM

R(Registered Trademark)은 등록 상표를 의미하며 표시 의무는 없다. 주로 유사 상표를 견제할 목적으로 사용하지만 거의 사용되지 않고 있다. TM은 Trademark의 약자로 등록 상표를 뜻하는 것은 아니다. 누구나 사용할 수 있으며 법적 효력과 상관없이 해당 상표의 출처를 분명히 하는 효과를 기대할 수 있다.

5
네이밍의 중요성

앞서도 언급한 브랜드의 구성 요소에는 어떤 것들이 있을까? **머리 속에 그려지는 다양한 '연상'이 핵심**이다. 하지만 무엇보다 우선 판매자가 자신의 제품이나 서비스를 식별하고 다른 경쟁자와 차별화 하기 위해 기본적으로 갖춰야 하는 상표명(Name), 심벌(Symbol), 로고(Logo), 슬로건(Slogan) 등이 준비되어 있어야 경쟁을 시작할 수 있다. 이런 요소들을 **브랜드 구성요소(Brand Elements)**라 한다. 그중에서도 **가장 필수적이며 영향력이 큰 네이밍(Naming)**에 대해 살펴 보자. 좋은 이름을 개발하고 선택하기 위해서는 전략적으로 올바른 프로세스를 거쳐야 한다. 네이밍을 개발할 때 또는 관련 의사결정에 있어 우선 고려해야 할 요소들을 살펴보자.

개명(改名) 신청이 크게 증가하고 있다는 다음 기사 한 토막은 이름이 갖는 중요성을 말해주기에 충분하다.

이름 때문에 사회 생활에 지장이 있거나 취업난(2016년 2월 기준 청년 실업률 12.5%)이 계속되면서 취업을 위해 개명(改名) 신청을 하는 20~30대가 늘고 있다. 서울가정법원에 따르면 하루 평균 30여 명이 개명 신청을 하는데, 그 중 10여 명이 '취업' 때문에 이름을 바꾸는 것으로 나타났다. 이들은 발음이 어렵거나 이상한 이름 때문에 취업에 곤란을 겪고 있다고 한다. 2005년 '개인적인 이유'로 개명이 가능해지면서 그 해 7만 2000건에 불과했던 '개명 신청'은 2007년 12만 6000여 건, 2015년 15만 7000여 건으로 크게 증가했다.

사람과 마찬가지로 기업은 물론 제품이나 서비스에 있어서도 이름이 지닌 힘 역시 크기 때문에 법적인 사용 가능성에 대한 검토와 함께 좋은 뜻은 물론이고 부르기 좋고 기억하기 쉬운 이름을 선택하기 위한 전략적 판단을 해야 한다. 그런데 사람마다 특정 네이밍에 대한 반응 및 호·불호(好不好)가 천차만별일 수 밖에 없기 때문에 몇 가지 객관적인 판단 기준을 통과한 최종 후보에 대한 소비자의 사전 반응 조사가 필수적이다.

좋은 이름을 선택하거나 반응조사를 위한 기준으로는 △상품의 특징이 잘 표현 되었는지 △시장에서의 경쟁 상품과 차별성이 있는지 △부르고 듣기에 좋은지 △디자인이 적용되는 만큼 시각적으로 문제가 없는지 △기억하기 용이한지 △친근한지 △부정적 의미를 내포하고 있지는 않은지 등의 판단 기준을 세워 평가해야 한다. 또한 시장에서의 경쟁 상황 등 전략적 측면을 고려, 고급스러움, 실용성 등 필요한 항목을 포함시키면 된다.

의사결정을 위한 최종 반응 조사는 보통 일반 고객은 물론 사내 임직원을 포함하여 실시한다. 평가 항목의 구성은 위의 네이밍 판단 기준을 기초로 만들어 평가하도록 하고 해당 이름을 선택한 이유에 대해 묻는 것도 필요하다. 조사 대상의 규모를 어떻게 정하느냐에 따라 외부 전문 기관의 활용 여부를 결정하면 되는데 일반적으로 **사내 조사는 자체 수행하고 고객 조사의 경우 갱서베이(Gang Survey) 등을 전문 기관에 의뢰하여 실시**한다. 비용 및 시간 제약에 대한 고려 때문이기도 하지만 **보통 보안 유지를 위해서 수백 명 단위의 대규모 조사는 지양하는 것이 바람직하다.**

조사 결과의 분석 및 의사 결정과 관련해 잊지 말아야 할 것은 조사 결과에 대해 어떤 판단을 내리느냐 하는 것이다. 통상 수적으로 많은 사람이 선호하는 이름을 선택하는 것이 일반적이지만 성공한 브랜드들이 모두 조사 결과를 따랐고 성공을 거두었을까? 일반적 반응과는 다른 선택 즉, 여러 평가 요소 중에서도 차별성 등 특정 축면에 대한 반응이 탁월하거나 특정 시장 전략에 부합하는 요소를 선택해서 성공한 경우도 있는 만큼 브랜드 관리자의 통찰력과 전략적 판단이 더욱 중요하다고 할 수 있다.

이와 함께 사람은 동명이인(同名異人)을 흔하게 찾아볼 수 있지만 브랜드 관점에서는 아무리 기발하고 좋은 이름이라도 법적으로 타인에 의해 먼저 등록되어 있다면 사용할 수 없기 때문에 **무엇보다 상표 검색을 통해 등록 가능 여부를 우선 살펴봐야 한다. 그리고 가능한 이름에 대해서는 먼저 출원을 진행**하는 것이 바람직하다. 우리나라의 경우 상표 등록은 발명 특허와 마찬가지로 특허청에서 담당하므로 **특허청 홈페이지(특허청 무료 검색 서비스 홈페이지 : www.kipris.or.kr)를 통해 등록 가능 여부를 검색한다.**

이 단계를 통과한 경우 70~80% 정도 안심하고 사용할 수 있는 가능성이 있다고 보면 된다. 그러나 나머지 확률에 대해서도 전문가의 도움을 받는 것이 더욱 안전하고 확실한 방법이다. 왜냐하면 유사 상표나 동일한 상표로 간주될 수 있는지 여부에 대해서도 판단을 해야 하기 때문이다. 이런 과정을 거치는 것이 비용 측면은 물론 시간적인 낭비를 최소화하는 길이다. 이런 과정을 거쳐 결정된 이름에 대해서 **신청 및 출원을 하게 되면 상표 심사, 공고의 과정을 거쳐 상표 등록이 완료**되는데, 보통 약1년 정도의 시간이 걸린다. 이는 이의신청 등 문제가 없는 경우에 해당하며 해외의 경우에는 국가별로 수년의 기간이 소요되기도 한다. 하지만 상품의 출시를 위해 이렇게 긴 시간을 기다릴 수는 없는 만큼 전문가 의견을 바탕으로 출원과 동시에 우선 사용하는 것이 일반적이다.

우리나라의 경우 **법적 효력은 출원 시점을 기준으로 발효되기** 때문에 **등록 가능성 여부를 사전에 판단하는 일이 매우 중요하다.** 이때 함께 고려해야 할 것은 **도메인(Domain)의 사용 가능성에 대한 판단**으로, 상표 등록에 비해서는 간단하고 문제가 있어도 변형시켜 사용할 수 있지만 역시 사전에 'www.whois.com' 등에서 사용 가능성에 대한 검토를 하는 것이 바람직하다.

중국 오리온 초코파이 브랜드 '하오리요우'

<출처: Pulse by maeil business news korea>

해외 시장에서의 브랜드 네이밍

해외 시장 진출 시의 브랜드 네이밍은 무엇보다 철저히 현지화해야 한다. 지금은 많은 기업이 과거 사례를 통해 얻은 교훈을 바탕으로 이제는 네이밍에 대한 현지화에 나서고 있다. 중국의 경우 같은 한자 문화를 공유한다는 생각에 일방적인 네이밍으로 시장에서 쓴맛을 본 경우가 많았다. 그 반대로 현지의 문화와 정서를 철저히 고려해 네이밍에 성공한 사례도 있는데 이마트, 오리온의 사례가 이에 해당된다. 이마트의 중국 이름은 **'易買得'(이마이더)**로, 비슷하게 발음될 뿐 아니라 **'사기 쉽다'(편리한 쇼핑)**는 의미가 전달되어 성공적인 이름으로 평가받고 있다. **'좋고 아름다운 친구'**라는 뜻을 담고 있는 오리온(동양제과)의 중국명 **'好麗友'(하오리요우)** 역시 좋은 이름으로 평가 받았다. 오리온의 경우 사명인 '동양'은 과거 일본에서 많이 사용했던 단어로, 중국에서는 잘 쓰지 않는다는 점을 고려하여 적용하지 않고 '好麗友'를 메인으로 사용한 것으로 알려졌다.

Nothing but Brands

용어 정리

갱서베이(Gang Survey)

일정 규모 이상의 조사 대상을 통해 수치화된 데이터를 수집하는 정량 조사 (Quantitative Research)의 한 방식이다. 사전에 교육받은 조사원들이 전화, 혹은 직접 소비자들을 찾아가는 일반적인 설문 조사와는 달리 일단의 참석자들을 일정한 시간에 같은 장소에 모이게 한 후 한번에 조사를 진행하는 형태를 말한다. 진행자가 직접 제품이나 시청각 자료 등을 이용하여 조사 목적에 맞춰 질의응답을 진행한다.

FGI(Focus Group Interview)

정성조사(Qualitative Research)의 대표적인 조사 방법으로, 토론 과정을 통해 참가자의 반응을 파악한다. 보통 목표 고객을 10명 이내의 몇 개 그룹으로 나누어 진행한다. 면접자의 진행에 따라 조사 목적과 관련된 토론을 통해 자료를 수집하는 조사 기법이다. 정량 조사에 앞서 설문 구성 등 설계를 위한 사전 조사로 활용되기도 한다.

어떤 조사가 됐건 조사 과정이나 내용이 외부에 유출되는 것을 방지할 수 있도록 기밀유지 서약 등 장치는 필수 사항이다.

6
CI 관리
비주얼 측면의 브랜드 관리

우리가 특정 브랜드를 생각할 때 가장 먼저 떠올리게 되는 것은 이름일 것이다. 하지만 열 마디 말보다 강력한 비주얼(Visual) 하나가 더 많은 것을 말하고 더 큰 느낌을 주기도 한다. 이름과 함께 모든 이의 뇌리에 강력하게 각인된 나이키의 날렵한 심볼(Symbol) '스우시' 디자인, 전세계 누구에게나 친숙한 코카콜라의 붉은 워드마크(Wordmark), 이름은 몰라도 누구나 한번은 본 경험이 있는 미쉐린 타이어의 '비벤덤' 마스코트 처럼 **비주얼 요소는 특히 언어가 다른 해외 시장에서 그 중요성이 더욱 커진다.**

강력한 비주얼 요소의 효과

타이어의 이름은 몰라도 '미쉐린 맨'을 한번쯤 보지 않은 사람은 없을 것이다. 이처럼 비주얼의 효과는 열 마디 말 보다 강력하다.

해외 기업 브랜드 로고

브랜드에 있어서 **로고(Logo)를 비롯한 비주얼(Visual) 측면의 요소를 관리하는 것을 'CI(Corporate Identity) 관리'라고 한다.** 여기에서의 CI는 협의(俠義)의 의미로 사용되었다. 현업에서 자주 쓰는 "CI 매뉴얼(Manual)에 따라 적용하라"는 말 처럼 기업명(혹은 제품명)에 로고나 심볼 등 비주얼(Visual) 요소의 적용을 정해진 규칙에 따라 사용하라는 뜻이다. 보다 광의(廣義)의 관점에서 CI는 구성원의 의식(Mind Identity)과 행동(Behavior Identity)이 일체화되어 차별화된 기업문화(Corporate Identity)를 형성하는 것을 지칭한다. 이 책에서는 협의의 의미에 한정하여 기술하고 있다.

이름만큼이나 디자인에 대한 개인의 호불호(好不好) 역시 다른 만큼 **로고와 심벌이 처음부터 고객에게 친숙하고 사랑받기는 어렵다.** 지금은 우리에게 러브마크(Love Mark)가 된 많은 디자인들

좋은 브랜드

도 처음에는 혹평을 견뎌야 했다. 디자인 전공 대학생에게서 35달러를 주고 선택한 나이키의 심볼 스우시(Swoosh)를 비롯, 금융업에 금기인 붉은 색(적자를 상징)을 사용했다는 비난을 견뎌야 했던 Citi 은행, IT와의 연계성은 전혀 찾아볼 수 없는 사과를 (그것도 베어 문) 상징으로 정한 애플의 경우처럼.

주요 브랜드의 CI 변천사

<출처: 각사 홈페이지>

이렇듯 디자인의 힘이 중요하지만 디자인 자체보다는 고객 만족 등 시장에서의 성과라는 실체가 함께할 때 좋은 브랜드로 남게 되는 만큼 **디자인 도입 초기에 '좋다', '나쁘다'를 평가 하는데 에너지를 쏟기보다는 결정된 디자인에 대해 CI 매뉴얼을 구비하고 규정에 따라 엄격하게 관리해 나가야 한다.** 한 기업 내에도 많은 사업 부서가 나뉘어 있기 때문에 자의적인 판단에 따라 비주얼 체계를 임의로 적용하는 경우가 많이 있다. 이처럼 일정한 기준 없이 비주얼 체계를 적용하면 고객의 혼란 및 이로 인한 아이덴티티의 훼손은 불가피하기 때문에 이를 통합적으로 관리하기 위한 체계를 갖추어야 한다.

그렇다면 한번 정해진 심벌이나 로고는 변하지 않아야 하는 것일까? 결론적으로 이들의 '진화(進化)' 역시 '브랜드 활력' 측면에서 중요한 요소이다. 우리가 느끼지 못하는 사이에 아이보리 비누나 코카콜라의 모습은 그 역사와 함께 끊임없이 변화해 왔다. 제품의 소구점을 일관되게 유지하는 경우에도 오랜 세월을 지나면서 자연스럽게 소비자의 취향이나 감각의 변화를 반영하는 것이 일반적이다. 이처럼 시장의 변화나 브랜드 아이덴티티의 변화에 맞춰 소비자도 인식하지 못하는 사이에 비주얼 요소도 진화해 가고 있는 것이다.

한편, 회사의 이름은 물론 새로운 로고나 심볼의 도입 등 CI 측면의 변화는 내부적으로 분위기 쇄신을 위한 좋은 기회가 될 수 있다. 새로운 경영 철학의 정립 등 중요한 모멘텀((Momentum)에 따르는 이러한 변화는 구성원에게 신선함과 새로움을 불어넣어 일체감 제고와 사기 진작 등의 효과를 기대할 수 있다. 이와 함께 우리의 비지니스 파트너(BP)들에게도 우리에게 특별한 변화가 일어나고 있다는 것을 느끼게 할 수 있다. 그러나 무엇보다 중요한 것은 **변화의 당위성에 대해 내부 구성원은 물론 외부에서도 공감할 수 있는 제품 혁신 등 새로운 가치 제안이 동반되어야 실질적 효과를 기대할 수 있다**는 것이다. 기업의 위기 상황을 피하거나 부정적 이미지를 만회하기 위해 겉모습만 바꾸려는 시도는 역풍을 맞을 가능성이 더욱 크기 때문이다. 다만, 이런 변화의 과정에서도 기존에 확보된 긍정적 브랜드 자산은 존중되고 유지되는 것이 바람직하다.

용어정리

1 로고(Logo):

회사나 제품의 이름이 독특하게 드러나도록 만들어 상표처럼 사용되는 글자체로, 좋은 로고의 조건은 다음과 같다.

*기업 또는 제품이 지향하는 가치나 이미지를 쉽게 전한다.
*인상 깊고 기억에 남는다.
*모든 매체에 쉽게 적용할 수 있다.
*호감을 줄 수 있다.

2 심벌(Symbol):

기업 또는 제품을 상징할 수 있는 핵심 포인트와 이미지를 함축하여 표현된 비주얼 요소로서 그 자체가 하나의 독립된 시각적 요소로 표현된 것이다.

3 워드마크(Word Mark):

로고의 형식을 심벌과 별도로 하지 않고 SONY 등과 같이 문자 자체를 로고로 사용하는 경우이며 보통 서체를 변형·개발·재창조하는 과정을 거친다.

Google FOX Canon

4 시그니처(Signiture):

기업이나 제품의 브랜드명, 심벌마크와 로고타입 등의 조합 체계로, 상하·좌우 조합으로 규정하며 영문 조합·한글 조합·영한 조합 등도 규정한다.

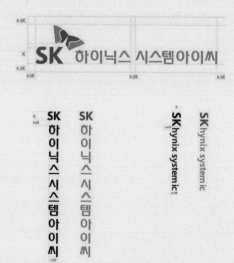

Part 2

브랜드
관리
전략

1
'브랜드를 관리한다'는
의미

앞서 우리는 브랜드의 개념과 강력한 브랜드의 혜택에 대해 살펴보았다. 그런데 이러한 효과는 브랜드를 개발하고 시장에 내놓는다고 해서 그냥 얻어지는 것이 아니다. 오랜 시간에 걸친 일관되고 체계적인 브랜드 관리를 통해서만 달성될 수 있는 것이다. 그렇다면 **'브랜드를 관리한다'**는 것은 무엇을 의미하는가? 그리고 브랜드 관리를 위해서는 어떤 일들을 해야 하는 것일까? 여러 설명이 있을 수 있겠지만 여기서는 **브랜드 아이덴티티(Identity)와 브랜드 이미지 (Image) 두 개념간 의미의 차이를 통해 살펴보자.**

'아이덴티티'와 **'이미지'** 두 단어는 서로 비슷해 보이지만 매우 크고 중요한 차이를 지니고 있다. 경영 현장에서 매우 빈번하게 사용되고 있으며 그만큼 쉬운 개념처럼 보이지만 브랜드 관리 부서의 실무자들조차 그 차이를 명확히 설명하지 못하는 경우가 많은 것 또한 사실이다. 간단히 말해 **브랜드 아이덴티티는 '기업이 소비자에게 전달하고자 하는 목표 이미지'로 설명할 수 있다. 아이덴티티에는 '전**

브랜드 관리의 의미

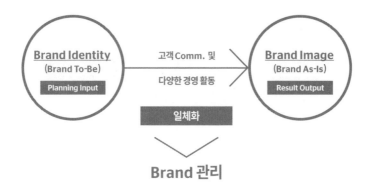

략'의 관점이 반영되어 있는 반면 브랜드 이미지는 '소비자가 현재 특정 브랜드에 대해 지니고 있는 다양한 인식'으로, 일종의 결과적 관점이다. 두 개념 사이에는 '목표와 결과'라는 큰 차이가 있고 따라서 브랜드 관리의 정의를 **"브랜드 아이덴티티와 브랜드 이미지를 일체화 시키기 위한 노력"**이라고 내릴 수 있다.

기업이 고객에게 전달하고자 하는 핵심 가치인 브랜드 아이덴티티와 사용 경험 등 다양한 경로를 통해 고객이 마음속에 저장하게 되는 브랜드 이미지가 같게 된다면 결과적으로 기업의 브랜드 관리가 성공적으로 이루어졌다고 볼 수 있는 것이다. 그리고 이를 위한 다양한 방법들을 수립한 후 실행에 옮기고 이를 점검 · 보완 · 조정하는 일련의 활동들을 '전략적 브랜드 관리'로 정의할 수 있다.

모든 기업들은 경쟁사 대비 자사 제품이나 서비스의 차별적 우위점이 고객의 마음속에 자신들이 의도한 대로 심어지기를 원한다. 그리고 결과적으로 기업에 대한 호의적 태도의 형성을 통해 매출 증대라는 실질적 성과로 이어지기를 바란다. 붉은색 음료수 캔만 봐도 코카콜라를 떠올리고, 디즈니 로고를 보면 즐거운 느낌이 살아나는 것은 그러한 노력의 성과라고 볼 수 있는 것이다. 따라서 브랜드 관리의 궁극적인 목적은 **고객이 수많은 브랜드 속에서 우리 회사의 브랜드를 가장 먼저, 그리고 차별적으로 떠올리고 구매함으로써 기업 가치를 제고시키는 것이라 할 수 있다.**

그러나 시간이 갈수록 치열해지는 시장 환경은 '브랜드 아이덴티티와 브랜드 이미지의 일체화' 즉, 브랜드 관리를 더욱 어렵게 하고 있다. 그렇기 때문에 그 중요성 역시 더욱 커지고 있는 것이다. 세계적 기업들이 브랜드에 대한 체계적 관리를 통해 지속적인 경쟁우위 즉, 브랜드 리더십(Brand Leadership)을 확보하려는 노력을 기울이고 있는 이유다.

2
B2B 기업도 브랜드를
관리해야 할까?

일반적으로 '브랜드를 관리한다'고 할 때 우리는 코카콜라, 나이키, 삼성전자와 같이 소비재를 보유한 기업을 우선 떠올리게 된다. 반면에 B2B 기업의 경우 마케팅이나 홍보 등 브랜드 관리와 직·간접적으로 관련된 업무를 수행하는 실무자들조차 **"우리 회사는 B2B 기업이기 때문에 브랜드 관리의 필요성이 없으며 할 수 있는 일도 별로 없다"**고 이야기 한다. 그러나 Intel, HP, CISCO, Oracle 등 막강한 브랜드 파워를 자랑하는 기업들 중 많은 수가 B2B 기업들이며 직접 고객이 아닌 일반 대중들도 이들을 친숙하게 느낄 정도로 막강한 브랜드 파워를 자랑하고 있다. **브랜드는 B2B 시장에서도 B2C 기업 못지않게 중요한 역할을 하고 있으며** 이들 글로벌 B2B 기업들은 기업 가치와 경쟁력 확보의 중요한 전략적 자원으로 브랜드 관리에 많은 노력을 기울이고 있다.

특히 경쟁 환경의 심화 속에서 B2B 시장도 예전과 같이 단지 **좋은 제품과 서비스를 제공하는 것만으로는 경쟁 우위를 확보하거**

나 유지하기 어렵기 때문에 '강력한 브랜드의 구축'을 통해 다른 경쟁자들과 차별화 되는 자신만의 입지를 성공적으로 구축해야 할 필요성이 있다. 특히 요즘과 같이 **B2B 업종 간에도 유사한 상품과 서비스가 시장에 쏟아져 나오는 상황**에서는 단순히 상품과 서비스를 혁신하는 것만으로는 지속적인 경쟁력을 확보할 수 없으며 기술적 우위만이 고객의 선택을 받기 위한 핵심 요소가 되기 어려운 상황이 되었다. 이처럼 **상품과 서비스가 유사해지는 시장 환경에서는 결국 강력한 브랜드가 고객 선택의 핵심 요소가 될 가능성이 큰 것이다.**

B2C, B2B 기업의 브랜드 효익, 필요성

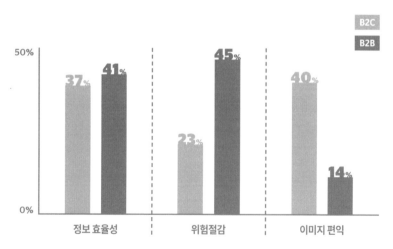

<출처 : B2B브랜드 마케팅. 필립 코틀러,발데마 푀르치 공저,2007>

오늘날 B2B 기업들은 한 가지 상품이나 서비스만을 파는 것이 아니라 복합적인 기능 및 혜택을 가진 솔루션을 파는 경우가 많다. 이러한 솔루션에는 각기 다른 상품, 또는 서비스가 묶여있고 솔루션 자체도 상당히 복잡하기 때문에 **브랜드가 복잡성을 줄이고 핵심적인 정보를 전달하는데 상당히 유용한 도구가 된다.** 기업이 시장에 내놓는 제품과 서비스가 갈수록 복잡해진다는 것은 B2B 구매자들이 정보의 과부하에 직면하고 있음을 의미하며, B2B 기업들은 고객에게 상품 정보를 단순화하여 제시할 필요가 있게 된다. 따라서 관련된 정보를 묶어서 브랜드가 주는 '신뢰감'과 함께 고객에게 제공하는 것이 훨씬 도움이 되는 것이다.

맥킨지(McKinsey & Company)가 750명 이상의 의사결정자들을 대상으로 실증적으로 조사한 결과는 다양한 B2B 시장에서 브랜드의 중요성과 연관성을 잘 보여주고 있다. 이 조사는 18개의 대표적인 B2B 시장의 브랜드를 대상으로 실시되었는데 B2B 시장에서도 **브랜드가 실제 구매 과정에서 중요한 요소이며** 브랜드는 **정보 효율성 제고, 위험 감소, 부가가치와 이미지 편익 창출**이라는 핵심 역할을 수행하고 있는 것으로 나타났다. 즉, 고객이 제품 정보를 더욱 쉽게 수집하고 처리하는데 브랜드가 도움을 주며 아는 브랜드를 선택하는 것이 잘못된 구매 결정을 내리는 위험을 감소시켜 준다는 것이다. 그리고 B2C 시장에서와 마찬가지로 B2B 브랜드도 소비자에게 **기능적 혜택 이외에 차별적인 제품 이미지를 형성**하는 것으로 나타났다.

B2B 기업에 있어 브랜드 관리의 중요성은 브랜드가 주가에 미치는 영향을 조사한 결과에서도 알 수 있다. BBDO 컨설팅 독일 지사가 30개 DAX(독일 주가지수) 기업 중 23개 기업의 재무시장 성과를 비교한 결과를 보면 기업 간 성과 차이를 설명하는 가장 설명력 높은 변수는 바로 브랜드였다. 강력한 브랜드를 가진 기업들은 취약한 브랜드를 가진 기업들에 비해 9.11 테러 이후 주가 회복 속도가 월등히 빠르게 나타났으며 기업들에게 보다 높은 수익을 가져다 주었다.

B2B 시장에서 브랜딩이 주가에 미치는 영향력

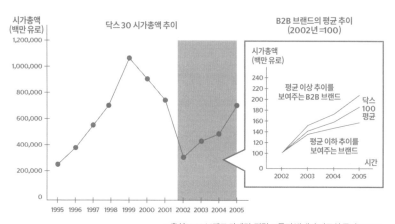

<출처 : B2B 브랜드 마케팅. 필립 코틀러, 발데마 푀르치 공저, 2007>

3
브랜드 관리 요소와
프로세스

브랜드 관리 요소(또는 프레임)

브랜드 관리의 주요 요소에는 어떤 것들이 있을까? 브랜드 분야의 권위자 서강대학교 전성률 교수는 "브랜드 관리가 효과적으로 이루어지기 위해서는 가장 핵심인 1)전략(Strategy)과 함께 이를 뒷받침할 수 있는 2)시스템(System) 3)조직(Organization) 4)역량(Capability 또는 R&C; Resource & Capability)의 4가지 요소가 유기적으로 결합되고 운용되어야 한다"고 강조한다.

우선 브랜드 관리의 가장 중요한 요소이자 목표인 **1)전략**이 적절히 수립되어야 한다. 전략은 브랜드 아이덴티티의 정립 부터 이를 구현하거나 실천할 수 있는 브랜드 아이덴티티의 정교화(Elaboration), 커뮤니케이션 등과 관련한 일련의 계획이며 전체 브랜드 관리 활동의 방향타 역할을 한다. 그리고 **시스템 · 조직 · 역**

량은 전략의 원활한 실행을 위혜 뒷받침되어야 하는 인프라(Infra) 측면의 관리 요소라 할 수 있다. 당연히 이러한 인프라 측면의 관리 요소들은 전략을 달성할 수 있는 최적의 방향으로 정립되고 관리되어야 한다.

브랜드 관리의 인프라(Infra) 요소들을 간단히 살펴보자. 무엇보다 먼저 브랜드 관리 전략이 원활히 실행될 수 있도록 **2)시스템**이 구축되어 있어야 한다. 시스템은 각종 전략 수립을 위한 도구들이 체계적으로 준비되어 있어야 한다는 것을 의미한다. 복수의 브랜드 간에 상하(上下) 관계와 역할 등 체계를 관리하기 위한 **아키텍처 (Architecture) 설계 모델과 브랜드 파워에 대한 측정 모델** 등을 예

브랜드 관리의 4가지 요소

로 들 수 있다. 그리고 이러한 시스템들은 전사(全社) 차원에서 합의되고 명문화(明文化) 되어 있을수록 브랜드 관리의 효율성은 증대될 수 있다.

브랜드 관리 활동은 **3)조직** 측면에서 전사 차원에서 이루어지기도 하지만 개별 부서에서도 동시에 진행되기 때문에 해당 조직들의 기능이 서로 유기적으로 연계되어 있어야 한다. 이를 위해서는 **기업 내의 브랜드 관리를 위한 단위 조직과 전사 차원의 조직이 서로 협업할 수 있도록 TF(Task Force) 또는 위원회 등의 조직이 설계되고 운영되는 것이 바람직하다.**

마지막으로 브랜드 관리가 효과적으로 이루어지기 위해서는 브랜드 관리자들이 충분한 **4)역량**을 보유하고 있어야 한다. 그리고 이를 위해 관련 구성원의 역량에 따른 다양한 내·외부 교육 프로그램이 체계적으로 구비되어 있어야 한다. **아무리 좋은 전략과 시스템을 갖추고 있다 하더라도 결국 이를 운영하는 주체인 사람의 역량이 따라가지 못한다면 브랜드 관리 활동은 원활하게 이루어질 수 없다.**

이상 기술한 브랜드 관리의 네 가지 요소 중 어느 하나라도 빠지거나 이들이 서로 유기적으로 운용되지 못한다면 브랜드 관리 활동이 전략적·효율적으로 이루어지기 어렵다. 위에 기술한 각 요소

와 관련된 세부 내용은 뒤이어 구체적으로 설명될 것이므로 여기에
서는 우선 전체적인 브랜드 관리의 프레임과 아래 프로세스의 큰 흐
름(Big Picture)을 기억해 두자.

브랜드 관리 프로세스(Process)

브랜드 관리를 '브랜드 아이덴티티와 이미지를 일체화 시키
기 위한 노력'이라고 정의 내린 것 처럼 그 출발점은 **'브랜드 아이덴
티티의 전략적 설계'**이다. 브랜드 아이덴티티야말로 고객에 대한 약
속이자 브랜드 전략의 핵심으로, 브랜드 관리의 모든 단계에 일관되
게 반영되어야 한다. 브랜드 아이덴티티는 이미지 제고를 위한 기업
의 다양한 커뮤니케이션 활동은 물론 고객의 체험을 통해서도 형성
되는 만큼 **고객 또는 소비자가 시장에서 그 가치를 실제 느끼고 체험
할 수 있도록 하는 것이 무엇보다 중요하다.** 말뿐이 아닌 실천이 필
요한 것이다. 이처럼 아이덴티티가 구현될 수 있도록 각종 전략 프
로그램을 개발하고 실행하는 작업을 **'아이덴티티 정교화'(Identity
Elaboration)** 작업이라고 부른다.

또한, 기업 브랜드에서부터 개별 제품 브랜드에 이르기까지 기
업 내에 존재하는 **복수의 브랜드들을 어떻게 운용할 것인가에 관한
브랜드 체계 관리 즉, 브랜드 아키텍처(Brand Architecture) 관리**

가 이루어져야 한다. 아키텍처 관리는 ▲기업 브랜드 ▲패밀리 브랜
드 ▲개별 브랜드 등 각 브랜드의 역할은 물론 이들 사이의 사이의
관계를 효과적이고 전략적으로 설계하는 것으로, 마치 시장이라는
전장(戰場)에 나가기 전에 대오를 정비하는 것과 같다고 할 수 있을
것이다.

　　브랜드에 대한 커뮤니케이션 활동은 실제 소비자가 자주 접할
뿐만 아니라 브랜드 이미지 형성에 있어서 직접적이며 강력한 힘을
발휘한다. 따라서 **광고나 PR 등 브랜드 커뮤니케이션 프로그램 역
시 브랜드의 아이덴티티를 전략적으로 전달**할 수 있도록 수립되고
시행되어야 한다.

브랜드 관리 Process

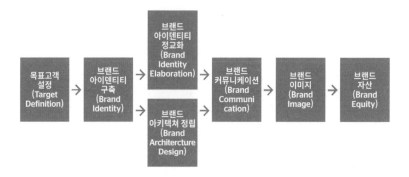

마지막으로 브랜드 파워 자체에 대한 평가는 물론이고 **브랜드 관리와 관련한 일련의 활동들 역시 적절히 이루어지고 있는지 평가를 거쳐야 한다.** 그리고 이를 통해 도출된 개선·보완 사항은 다시 각 브랜드 관리 프로세스에 반영되어야 한다. 이러한 선순환적 흐름이 브랜드 관리 활동의 기본 프로세스이며 그 **출발점은 바로 브랜드 아이덴티티의 정립이다.** 그리고 그 아이덴티티가 결과적으로 고객에게 얼마나 잘 전달되었느냐에 따라 브랜드 관리의 성패 역시 좌우된다고 할 수 있다.

4
브랜드 관리의 핵심
브랜드 아이덴티티(Brand Identity)

앞서 여러 차례 언급한 것처럼 **브랜드 관리 활동의 출발점이자 핵심 요소가 바로 '브랜드 아이덴티티'이다.** 아이덴티티란 말 그대로 해석하자면 '신원', '정체성' 등을 의미한다. 사람이나 특정 대상의 '본질'을 의미하며 특정 브랜드가 경쟁 상황에서 선택받기 위해 **전략적으로 강조하고 의도한 브랜드의 모습**을 뜻한다. 다시 말해 아이덴티티란 브랜드가 지닌 여러가지 속성 중에서 고객에게 차별적으로 전달하고자 하는 **'가치'** 혹은 **'목표 이미지'**를 의미하는 것이다. 다소 극단적으로 말해 **아이덴티티를 협의의 브랜드 '전략'**이라고도 한다.

'이미지'(Image)는 특정 시점에 고객의 마음 속에 자리잡고 있는 브랜드의 다양한 모습이다. 앞서 설명한 대로 아이덴티티가 고객에게 선날하고자 하는 전략적 목표라면 이미지는 브랜드 관리 활동의 결과라고 할 수 있다. 그런데 고객이 인식하는 브랜드의 이미지는 브랜드가 보여주고자 의도하고 노력했던 모습과 일치할 수도 있지만 그렇지 않을 가능성이 더 크다. 또한 실제와 달리 과장되거나 오해가 있을 수도 있으며 긍정적인 것과 부정적인 것이 혼재되어 있을 가능성이 크다. 그렇기 때문에 **브랜드 아이덴티티를 이미지와 일체화 하려는 노력('브랜드 관리')**이 더욱 필요한 것이다.

브랜드 아이덴티티와 비슷한 의미로 '브랜드 만트라'(Brand Mantras)를 들기도 한다. '만트라'(Mantras)는 종교 용어로, 불교나 힌두교에서 주문이나 기도문처럼 읊조리는 찬가를 말하는데, 이는 특정 브랜드가 가지고 있는 고유의 핵심 가치를 2, 3개의 단어로 압축해 놓은 것이다. 결국 브랜드 아이덴티티의 또 다른 표현이라고 할 수 있다. 어찌 되었건 **'브랜드 아이덴티티'는 기업이 근본적으로 고객들에게 제공하려는 본질적이고 핵심적인 가치이자 다른 브랜드들과 구별시켜 주는 고유의 유전자**라고 할 수 있다.

그렇다면 브랜드 아이덴티티는 어떤 역할을 할까? 무엇보다 먼저 **브랜드 전략을 구체화**하는 역할을 수행한다. 브랜드 아이덴티티는 브랜드가 지향해야 할 가치를 대(對)내·외적으로 정의한 개념으로, 다소 추상적으로 느껴질 수 있는 기업의 비전이나 제품과 서비스의 고객 제안을 구체화 시키고 소비자에게 전달되도록 하는 것이다. 일종의 '고객에 대한 약속'이라고 말할 수 있다. 이처럼 브랜드 아이덴티티는 기업이 경영 활동을 통해 궁극적으로 구축하고 관리해

나가야 할 **무형자산의 정체(正體)이자 브랜드 자산의 요체(要諦)**인
것이다.

브랜드 아이덴티티 구성 요소

　브랜드 아이덴티티는 몇가지 요소로 구성되며 이들은 브랜드
의 가치와 정체성을 명확하고 풍부하게 만들어 다른 경쟁 브랜드와
차별화 시키는데 도움이 된다. 브랜드 아이덴티티를 구성하는 요소

브랜드 아이덴티티의 구성

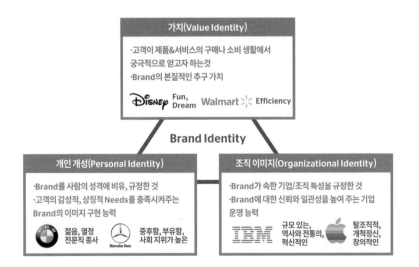

와 그 정립 방법에 대해서는 많은 이론이 있을 수 있다. 여기에서는 브랜드 관리 현장에서의 경험을 바탕으로 무리 없이 적용 가능한 공통적인 개념들을 중심으로 소개하고자 한다.

일반적으로 브랜드 아이덴티티의 구성은 브랜드 가치의 가장 핵심 요소인 **브랜드 에센스(Essense)**와 이를 소비 생활에서 경험할 수 있도록 구체화한 **1)가치(Value) 아이덴티티**, 브랜드를 사람에 비유한 **2)개인 개성(Personality) 아이덴티티** 및 해당 브랜드를 제공하는 기업과 관련한 **3)조직(Organization) 아이덴티티** 등 3가지 하위 아이덴티티 요소로 분류할 수 있다.

지금까지 언급한 브랜드 아이덴티티는 브랜드 에센스를 포함한 나머지 하위 아이덴티티 요소들을 따로 구분하지 않고 통칭해서 언급했다. 브랜드 에센스는 한 브랜드가 다른 브랜드와 차별화되는 가장 핵심적인 요소이며 나머지 하위 아이덴티티의 성격을 규정하는 중요한 역할을 한다. 브랜드 연구의 대가인 데이비드 아커(David. A Arker) 교수는 "브랜드 에센스는 브랜드의 핵심을 파악하게 해주는 단일한 개념으로, 복수의 하위 아이덴티티 요소들을 한데 묶어주는 접착제이며 모든 하위 아이덴티티에 연결된 중심축이다"라고 정의했다. 이처럼 **브랜드 에센스는 모든 고객이 해당 브랜드에 대해 가장 기본적이며 본질적으로 공감하고 있는 가치이자 하**

위 아이덴티티 요소들을 연계하여 떠올릴 수 있는 공통 분모로서의 역할을 한다. 예를 들어 우리가 애플(Apple)이라는 브랜드를 떠올릴 때 '혁신'이라는 가장 핵심적이며 기본적인 가치와 함께 '독창적', '디자인' 등 여러 단어를 함께 떠올리게 되는 것과 같다.

세 가지 하위 아이덴티티 구성 요소 중 **1)'가치(Value) 아이덴티티'는 고객이 제품 또는 서비스의 구매나 이용 과정에서 즉, 소비를 통해서 가장 기본적이며 궁극적으로 얻고자 하는 혜택(Benefit) 또는 가치를 정의한 것이다.** 우리가 운동 후에 특정 음료를 마심으로써 '갈증 해소'라는 기본적인 욕구를 충족시키는 것 외에도 '특별한 맛'을 느끼거나 특정 성분을 통한 '운동 능력 증진' 등 다양한 효익(效益)을 얻는 것과 같은 것이다. 자동차의 경우에도 구매 동기 측면에서 소비자는 보통 자신이 추구하는 가치에 적합한 브랜드를 선택하게 된다. 어떤 소비자는 같은 값이라면 실용주의적 가치관을 따라 연비 등 '효율성'이 큰 자동차를 선호할 것인 반면 어떤 소비자는 차의 '안전'을 구매 동기의 가장 큰 요인으로 삼을 수도 있다. 이러한 **소비자의 다양한 욕구를 파악하고 이에 부합하도록 브랜드의 이미지를 심어주는 것이 가치 아이덴티티의 주요 목적**이라고 할

가치(Value Identity)

· 고객이 제품&서비스의 구매나 소비 생활에서 궁극적으로 얻고자 하는 것
· Brand의 본질적인 추구 가치

Disney Fun, Dream   Walmart ⚡ Efficiency

수 있다.

"볼보(Volvo) 하면 어떤 단어가 떠오시나요?" 아마 우리가 벤츠(Benz)에서 연상하는 이미지와는 다른 단어들을 떠올리게 될 것이다. 그리고 이는 볼보라는 브랜드가 오랫동안 다양한 방법으로 전달한 브랜드 커뮤니케이션 활동 뿐 아니라 실제 사용 경험과 구전(口傳) 등을 통해 형성된 것이다. **볼보는 자사 제품의 경쟁적 차별성을 '안전(Safty)'에 집중해 오랜 기간 브랜드의 가치(Value) 아이덴티티로 소구해 왔다.** 이는 우리가 흔히 접할 수 있는 볼보의 광고만 봐도 쉽게 이해할 수 있다. 볼보의 광고는 오랜 세월 동안 일관되게 '안전'을 직접 보여 주는 크리에이티브를 통해 자사 브랜드의 가치 아이덴티티를 전달해 왔다.

그런데 여기서 중요한 것은 브랜드에 대한 커뮤니케이션 측면뿐만 아니라 실제 볼보는 다른 경쟁 차종에 비해 안전성 측면에서 뛰어나다는 평가를 받고 있다는 점이다. 볼보는 자사 브랜드의 핵심 가치를 구현하기 위해 '안전은 타협하지 않는다'는 모토 아래 관련 연구개발(R&D)에 대한 노력을 지속해온 것으로 유명하다. 볼보는 70년대부터 교통사고 발생 시에 별도의 현장 조사를 통해 충격을 최소화할 수 있는 요인을 연구해왔으며 차량 충돌 테스트도 다른 메이커와 달리 가혹한 조건에서 시행하는 것으로 유명하다. 이외에도 볼보

안전을 강조한 볼보 광고와 충돌테스트

<출처: Lehman Volvo Cars 블로그>

는 상체를 자유롭게 움직이면서 허리와 어깨를 잡아주는 안전 벨트 방식을 처음 개발했으며 보행자를 자동으로 감지하고 정지시키는 기술을 먼저 적용한 것으로 유명하다. 이러한 노력의 결과 볼보는 수많은 자동차 평가 기관으로부터 '안전성' 측면에서 높은 평가를 받고 있으며 고객의 뇌리에 '안전한 차'라는 인식을 확고히 심을 수 있게 된 것이다.

이처럼 볼보는 자신들이 목표로 한 가치 아이덴티티를 구현하면서 차별적 경쟁력을 확보해온 것이다. 구호만 거창하고 그 가치를 실제 제품이나 서비스에 담을 수 없었다면 그들은 실패로 가는 가장 빠른 길을 걸었을 것이다. 소비자에 대한 약속을 뜬 구름 잡는 식의 미사여구(美辭麗句)로 포장하는 어리석음은 절대 피해야 한다.

강력한 경쟁력을 지닌 브랜드가 되기 위해서는 가장 기본적인 가치 아이덴티티(Value Identity)와 함께 이를 강화하면서 시너지를 낼 수 있는 2)'개인 개성 아이덴티티(Personal Identity)' 및 3)'조직 개성 아이덴티티(Organizational Identity)'라는 경쟁력 있는 아이덴티티를 함께 보유하는 것이 필요하다. **'개인 개성 아이덴티티'는 브랜드를 사람의 성격에 비유해서 규정한 것으로, 브랜드에 대한 소비자의 감성적·상징적 니즈(Needs)를 충족시켜 주는 역할을 한다.** 볼보와는 다르게 우리가 BMW라는 브랜드에서는 '세련된 전문직 종사자'의 이미지를 강하게 느끼는 이유가 바로 BMW의 '개인 개성'이 우리에게 각인되었기 때문이다. 벤츠에서 '중후하고 품격 있는 사람'을 떠올리게 되는 것도 같은 이유다.

개인 개성(Personal) 아이덴티티

·Brand를 사람의 성격에 비유, 규정한 것
·고객의 감성적, 상징적 Needs를 충족시켜주는
Brand의 이미지 구현 능력

 젊음, 열정
전문직 종사

 중후함, 부유함,
사회 지위가 높은

최근 국내 대기업을 대상으로 취업 준비생들이 떠올린 이미지를 살펴보면 삼성에 대해서는 '30대 초중반의 넥타이를 맨 연구 개발직 남성'을, LG에서는 '캐주얼 차림의 친근한 사람'을 떠올린 반면 SK에 대해서는 '20대 중후반 여성'의 이미지도 함께 나타나는 등 서로 다른 연상이 나타나는 것을 확인할 수 있다. 이처럼 **'조직 개성 아이덴티티'는 브랜드가 속한 조직이나 기업의 기본 성격과 특성 등을 나타내며 브랜드에 신뢰성(Credit)을 높여주는 역할을 한다.** 고객

대학생 눈에 비친 기업 이미지   2021년 9월 대학생 취준생 1426명 대상 조사

<출처: 중앙일보 기사 캡처>

조직 이미지(Organizational Identity)
·Brand가 속한 기업/조직 특성을 규정한 것 ·Brand에 대한 신뢰와 일관성을 높여 주는 기업 운영 능력

IBM — 규모 있는, 역사와 전통의, 혁신적인
Apple — 탈조직적, 개척정신, 창의적인

은 제품이나 서비스를 구매하면서 제품 자체의 가치와 이미지도 중요시하지만 이를 제공하는 기업을 통해 신뢰감을 갖게 되기 때문에 조직 아이덴티티는 브랜드 아이덴티티를 구성하는 중요한 요소가 된다. 특히 이 요소는 B2B 기업 브랜드에서 강하게 작용하는데, 애플의 '창의적'·'혁신적' 이미지와 IBM의 '전통적' 이미지가 그 예라 할 수 있을 것이다. 애플 제품의 구매 및 사용법 등을 알려주는 '애플 지니어스'의 자유롭고 친근한 이미지와 IBM의 전문성 있어 보이는 컨설턴트의 이미지를 비교해 보면 조직 개성의 차이점을 느낄 수 있을 것이다.

이들 하위 아이덴티티 요소들은 브랜드 에센스는 물론 세 가지 아이덴티티 요소 중 가장 핵심적 '가치 아이덴티티'(Value Identity)를 지원하는 역할을 수행한다. **제품과 서비스의 차별화가 갈수록 어려워지고 시장에서의 경쟁이 치열해질수록 브랜드 에센스나 가치 아이덴티티만으로는 차별적인 이미지를 형성하기 어렵기 때문이다.** 특히 다양한 제품과 서비스를 통해 경쟁 상황에 직면하게 되는 기업 브랜드의 경우 가급적 가치·개인 개성·조직 개성 세 가지 요소를 모두 갖추는 것이 바람직하다. 물론 항상 이들 세가

결국, 브랜드

지 아이덴티티 구성 요소를 모두 적용시켜야 하는 것은 아니다. 특정 하위 아이덴티티 요소를 차별화 하거나 중점적으로 강조할 수도 있다. 전략적 관점에서도 치열한 시장에서 경쟁자와의 차별화, 또는 브랜드 활력을 위해 어떤 아이덴티티 요소를 중점적으로 활용할 것인지 명확히 할 필요가 있다. 또한 기업이나 제품이 시장에서 소비자와 오랜 시간 상호작용을 거치면서 특정 하위 아이덴티티가 자연스럽게 브랜드 에센스의 역할을 하게 될 수도 있다는 점을 함께 기억해 두자.

5
아이덴티티의
정립과 활용

　　브랜드 아이덴티티를 효과적으로 정립하기 위해서는 무엇보다 먼저 브랜드의 현재 상황(As-is)에 대한 전략적 분석이 선행되어야 한다. 그리고 분석의 도구로는 **마케팅의 기본인 3C 분석(고객 · 경쟁사 · 자사 분석 : Customer · Competitor · Company Analysis)이 가장 보편적으로 활용된다.** 일반적으로 브랜드 에센스와 함께 이를 좀 더 풍요롭게 하고 미래 경쟁 상황을 대비해서 하위 (또는 확장) 아이덴티티를 함께 도출한다. 그리고 이들 아이덴티티 요소들은 광고나 PR과 같은 다양한 커뮤니케이션 활동은 물론 구매와 경험이라는 보다 근본적인 상호작용을 통해 고객에게 전달된다. 이렇게 전달된 아이덴티티 요소들은 고객의 인식 속에 '인지(認度)' 측면과 함께 '기능적(技能的)', '정서적(情緒的)' 측면에서 특정 이미지를 형성하게 되며 이 세가지 측면에 대한 측정과 평가를 통해 브랜드 파워 또는 성과를 가늠해 볼 수 있는 것이다.

　　아이덴티티의 도출에는 여러 방법론이 있을 수 있는데 여기에

브랜드 아이덴티티 기획 모델

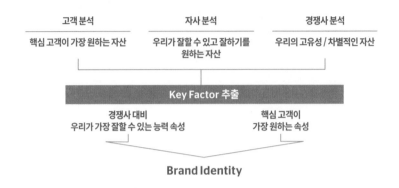

서는 SK의 사례를 통해 살펴 보자. 다양한 사업을 영위하는 관계사는 물론 다양한 제품과 서비스를 포괄하는 그룹 브랜드에 대한 사례지만 그 접근·분석 방법은 제품 브랜드의 경우에도 함께 적용될 수 있다.

SK의 브랜드 아이덴티티 정립 사례

SK의 브랜드 에센스는 '행복(Happiness)'으로, '행복 추구'를 통한 고객의 결속과 공유*(共有)를 위해 실천해야 할 목표이자 약속을 정의한 것이다. SK의 경영이념이자 원칙인 SKMS(SK

SK 브랜드 아이덴티티의 개념

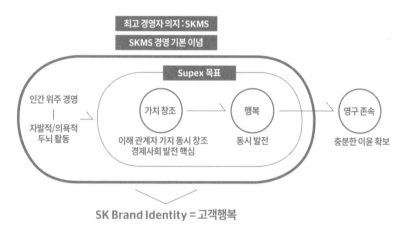

최고 경영자 의지 : SKMS

SKMS 경영 기본 이념

Supex 목표

인간 위주 경영

자발적/의욕적
두뇌 활동

가치 창조

이해 관계자 가지 동시 창조
경제사회 발전 핵심

행복

동시 발전

영구 존속

충분한 이윤 확보

SK Brand Identity = 고객행복

Management System ; SK 경영관리체계)에서 밝힌 궁극적 목표인 '행복'을 고객의 소비 상황에서 구체화함으로써 내부 구성원은 경영 목표를 구현하고 이해관계자를 포함한 고객은 SK라는 브랜드를 통해 '행복'을 느낄 수 있도록 노력하자는 것이다. SK 브랜드 아이덴티티는 SK라는 브랜드를 글로벌 브랜드로 만들어 가는 가장 중요하고 기본적인 가치이자 '고객 공유'라는 브랜드 의지를 실천하는 중심역할을 담당한다.

　* '고객을 공유(共有) 한다'는 개념은 다소 생소할 수 있지만 여러 제품과 서비스를 제공하는 다각화된 기업의 입장에서 보면 지극히 당연

한 개념이다. 삼성, SK와 같은 그룹 브랜드는 특정 대기업을 상징하는 것 외에도 시장에서 고객에게 선택받는 브랜드로서의 역할을 수행한다. 예를 들어, 우리가 아파트를 언급할 때 '레미안' '자이' 처럼 특정 개별 브랜드로 부르기도 하지만 이들 대신 '삼성 아파트'라고도 부르듯 그룹 브랜드는 실제 시장에서 개별 브랜드의 역할을 하고 있으며, 기업의 입장에서 보면 공동 브랜드를 통해 여러 제품군의 고객을 공유하게 되는 효과를 얻게 되는 것이다. 일반적으로 이들 공유 고객의 브랜드에 대한 충성도는 비(非)고객군에 비해 높고 소비의 평균 단가 역시 높음을 확인할 수 있다. 따라서 기업 입장에서는 이들 공유 고객군(群)을 잘 관리하는 것이 필요하다.

SK 브랜드 아이덴티티 도출 프로세스

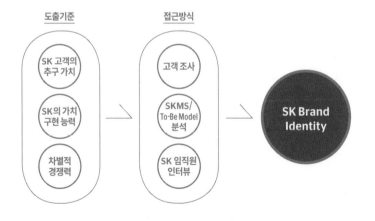

SK 브랜드 아이덴티티는 SK가 가장 잘할 수 있는 능력과 고객들이 행복감을 느낄 수 있다고 판단하는 가치들로 구성되어 있다. 따라서 SK 브랜드 아이덴티티의 구현은 고객의 만족과 행복을 의미하며 이는 그룹 브랜드로서 SK에게 프리미엄 가격의 정당성과 고객 충성도를 담보할 수 있도록 하는 것이다. 그리고 이를 통해 SK 그룹은 지속적으로 성장하고 발전할 수 있는 것이다. SK의 핵심 가치인 '행복'은 다소 추상적이고 포괄적인 개념으로 느껴질 수 있는데 이는 다양한 사업군과 기업을 지닌 그룹 차원의 브랜드 아이덴티티라는 점을 고려해야 한다. 그룹 브랜드로서 그 추구 가치는 개별 기업들은 물론 다양한 제품과 서비스를 수용할 수 있도록 포괄적일 수 밖에 없는 것이다. 이와 달리 개별 회사나 제품·서비스 레벨(Level)의 브랜드 아이덴티티는 구체성을 지닐 수밖에 없지만 그 도출 과정은 함께 적용될 수 있다.

아래 그림과 같이 SK의 브랜드 아이덴티티는 그룹의 주력 사업 중 고객과의 접점이 많은 주유(注油)와 통신(通信) 사업의 **핵심 고객이 선호하는 가치를 기본으로, 회사가 지향하는 목표 및 기업문화 그리고 이를 추구할 수 있는 역량(능력), 경쟁사와의 차별성 등을 종합적으로 분석하여 정립**되었다. SK 브랜드에 지속적인 신뢰를 보여주는 충성도 높은 고객들이 선호하는 공통의 가치를 중심으로 도출되었기 때문에 SK 브랜드 아이덴티티가 성공적으로 전달되면 충성 고객이 원하는 조건이 충족됨으로써 시장에서 발생하는 수익 (Wallet Share) 또한 높아질 가능성이 클 것으로 본 것이다.

3C 분석

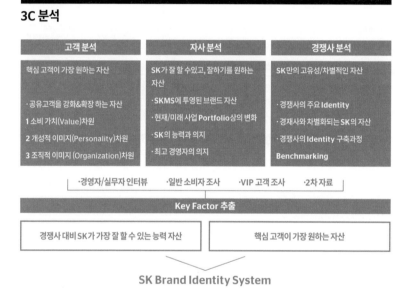

고객 분석	자사 분석	경쟁사 분석
핵심 고객이 가장 원하는 자산	SK가 잘 할 수 있고, 잘하기를 원하는 자산	SK만의 고유성/차별적인 자산
·공유고객을 강화&확장 하는 자산 1 소비 가치(Value)차원 2 개성적 이미지(Personality)차원 3 조직적 이미지 (Organization)차원	·SKMS에 투영된 브랜드 자산 ·현재/미래 사업 Portfolio상의 변화 ·SK의 능력과 의지 ·최고 경영자의 의지	·경쟁사의 주요 Identity ·경제사와 차별화되는 SK의 자산 ·경쟁사의 Identity 구축과정 Benchmarking

·경영자/실무자 인터뷰   ·일반 소비자 조사   ·VIP 고객 조사   ·2차 자료

Key Factor 추출

경쟁사 대비 SK가 가장 잘 할 수 있는 능력 자산	핵심 고객이 가장 원하는 자산

SK Brand Identity System

SK 브랜드 아이덴티티의 도출 과정을 좀 더 자세하게 살펴 보자.

①**고객 분석** : 가치(Value) · 개인 개성(Personal) · 조직 개성 (Organizational) 아이덴티티 각 측면*별로 핵심 고객이 가장 원하는 이미지 속성을 파악했다. 이를 위해 1,000여 명의 고객을 대상으로 설문조사를 실시하였다. 조사 대상 선정에 있어 비고객(非顧客)

을 비롯, 핵심 사업 영역인 SK텔레콤(통신)과 SK에너지(주유) 중 하나의 서비스만 이용하는 고객군(내부적으로 이들을 '잠재 공유 고객'으로 분류했다)과 두 가지 모두 SK를 이용하는 고객군(공유 고객)**으로 분류하고 충성 고객(공유 고객)이 특별히 선호하는 차별적 이미지 속성이 무엇인지 파악하였다.

* 조사의 편의성과 실효성 차원에서 세 가지 가치 요소별로 10개 내외의 이미지 속성을 조사 항목으로 선정하여 고객 조사를 실시하되, 기업이나 제품의 특성에 따라 이미지 항목을 정하면 된다. 가치(Value) 아이덴티티의 경우, 기업 브랜드 아이덴티티 도출에 많이 활용되는 제니퍼 아커(Jeniffer Aaker)의 이미지 속성 10여 개를 기본으로, 국내 고객의 정서를 고려하여 일부 속성을 조정·추가했다.

** SK 주유소에서 기름을 넣는 고객 중 이동통신 역시 SK텔레콤의 서비스를 함께 이용하고 있는 고객군.

②**자사 분석** : SK가 잘할 수 있고 추구하는 가치가 무엇인지를 밝히기 위해 SK 경영원칙의 내용 중에 브랜드 자산과 연계된 요소가 있는지를 점검하고 사업 포트폴리오 분석, 경영진의 의지를 파악했다. 이를 위해 주요 관계사의 임원 및 실무자 인터뷰를 진행했다.

③**경쟁 분석** : 경쟁사에 대한 평가 결과를 참고하여 SK 브랜드의 차별성을 고려했다. 이를 위해 설문 조사에 경쟁사를 함께 반영하여 시행했다.

고객 분석 체계

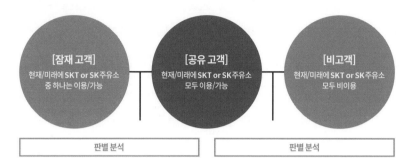

[잠재 고객]
현재/미래에 SKT or SK주유소
중 하나는 이용/가능

[공유 고객]
현재/미래에 SKT or SK주유소
모두 이용/가능

[비고객]
현재/미래에 SKT or SK주유소
모두 비이용

판별 분석   판별 분석

Process

Step 1
SK핵심 고객인 통신과
주유 고객 대상
Loyalty
Segmentation

Step 2
잠재 고객 혹은
비고객 대비
SK 공유 고객화 될 수 있는
SK의 가치,
개성적 능력 분석

Step 3
SK의 [구현 능력]
[추구방향 연계성] 등의
분석을 통해
Identity 도출

Value Identity 도출 분석 요약표						
	잠재고객 유인영향력	비고객 유인영향력	타기업 대비 경쟁력 (Gap 평균: -0.5)	SK 추구 방향과의 적합성	Identity Type	기타 : (SK 절대 능력 평가)
자부심	.651	.557	Yes (0.3)	Yes	**Core** (모든 차원에서 긍정적)	상위권
즐거움	.613	Not Significant	Yes (-0.3)	Yes	**Driver** (잠재고객 유인력 보유)	상위권
새로움	Not Significant	.709	Yes (-0.5)	Yes	**Driver** (비고객 유인력 보유)	상위권
편리함	Not Significant	Not Significant	No (-1.0)	Yes	**Basic** (SK의 절대적 능력 보유)	1위
애국심	Not Significant	Not Significant	Yes (0.2)	Yes	**Build up** (SK의 경쟁력 보유)	상위권
조정용이성			No (-1.3)	Yes		중하위권
경제성			No (-0.6)	-		중하위권
고품질			No (-0.7)	Yes	- 고객유인력은 물론, - 경쟁력 또는 - SK 추구방향/절대능력	중하위권
아름다움	Not Significant		No (-0.9)	-		중하위권
과시			No (-0.9)	-	측면에서 요건을 갖추지 못함	중하위권
소속감			Yes (-0.5)	-		최하위권
이타심			Yes (0.0)	-		최하위권
행운			Yes (-0.3)	-		최하위권
구원			Yes (-0.4)	-		최하위권

* 유인계수는 모두 세그먼트 고객들간의 판별분석을 통해 해산출된 계수임
** 타기업 대비 경쟁력 = SK에 대한 만족도 지수 – 1위 기업 만족도 지수. (Gap 평균보다 높은 항목의 경우 차별적 경쟁력이 있다고 평가)

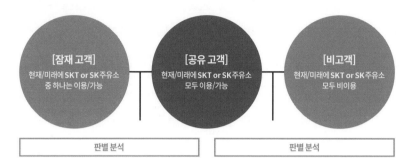

Nothing but Brands

이처럼 SK의 핵심 고객이 가장 원하는 가치와 SK가 잘 할 수 있는 능력, 그리고 경쟁사와의 차별성을 종합적으로 고려해서 도출된 SK 브랜드 아이덴티티는, **"SK가 지닌 '전문가적인' 기업가 정신(Personal Identity)과 '고객지향'의 기업문화(Organization Identity)를 바탕으로 고객에게 '자부심'(Value Identity)을 심어줌으로써 궁극적으로 '고객행복'(Brand Essence)을 구현하겠다"** 는 것이다.

SK Brand Identity

자부심 (SK가치)
SK의 제품과 서비스를 구매하고 이용하는 모든 과정에서 고객이 스스로를 자랑스럽게 생각하고 뿌듯함과 자신감을 얻는 것

전문가다움 (SK개성)
뛰어난 기술력과 노하우, 그리고 임직원들의 적극적인 사고와 진취적인 행동 그리고 빈틈없고 야무진 일처리를 통해 SK를 구매하고 이용하는 고객에게 전문가로 인정받고, SK를 사용하는 고객 자신도 '전문가'적인 이미지를 얻음으로써 신뢰와 만족을 얻는 것

고객지향 (SK조직 이미지)
고객지향이란 고객의 입장에서 앞서 생각하고, 실천하는 기업문화를 통해 고객에게 SK를 선택한 데 대한 신뢰와 만족을 제공하는 것

고객행복 (Essence)
현재와 미래의 내외부 고객에게 행복을 주고 SK도 행복하게 존속 발전하겠다는 것. SK의 궁극적인 가치

브랜드 아이덴티티의 활용

한 기업의 브랜드 아이덴티티는 회사의 전략과 경쟁 분석 등의 과정을 거쳐 정립되는 만큼 다양한 측면에서 활용이 가능하다. 전사적 차원에서 총체적 브랜드 경영('Holistic Brand Management')이 이루어질 경우 아이덴티티는 **기업의 인수 · 합병이나 신규 사업 진출 등 사업 포트폴리오 선정의 주요 판단 기준으로 활용**될 수 있다. 이 경우 몇가지 접근 방법으로 나눌 수 있다. 브랜드의 핵심 아이

SK Brand Identity 활용

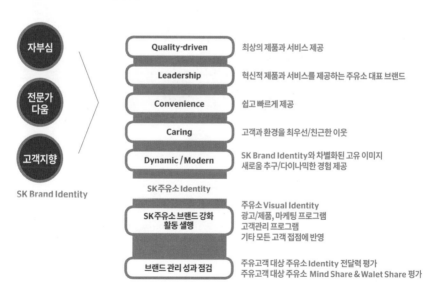

자부심		Quality-driven	최상의 제품과 서비스 제공
전문가 다움		Leadership	혁신적 제품과 서비스를 제공하는 주유소 대표 브랜드
		Convenience	쉽고 빠르게 제공
		Caring	고객과 환경을 최우선/친근한 이웃
고객지향		Dynamic / Modern	SK Brand Identity와 차별화된 고유 이미지 새로움 추구/다이나믹한 경험 제공

SK Brand Identity   SK주유소 Identity

| SK주유소 브랜드 강화 활동 샐행 | 주유소 Visual Identity 광고/제품, 마케팅 프로그램 고객관리 프로그램 기타 모든 고객 접점에 반영 |
| 브랜드 관리 성과 점검 | 주유고객 대상 주유소 Identity 전달력 평가 주유고객 대상 주유소 Mind Share & Walet Share 평가 |

덴티티에 기반하여 사업 영역을 이에 부합하는 분야로 확장하거나 (Disney Case) 브랜드의 핵심 아이덴티티를 다양한 사업 영역에서 구현하거나(GE Case) 상황에 따라 이를 복합적으로 운영하는 경우 (Virgin Case) 등이다. 이와 함께 고객 조사에 대한 깊이 있는 분석을 바탕으로 고객 확보 및 로열티 강화를 위한 다양한 마케팅 활동을 추진 할 수 있다.

또한 아이덴티티는 브랜드 관리의 근간인 만큼 당연히 **제반 브랜드 관리 활동의 기준으로 활용되어야 한다.** 한 예로 SK의 브랜드

디즈니 Case

<출처: 디즈니월드>

Virgin Case

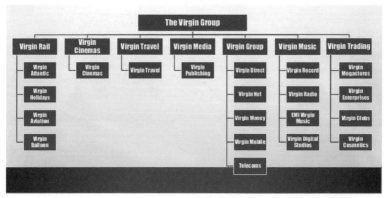

<출처:Slideshare-버진그룹 케이스>

<출처:Otoabasi Bassey Blog>

Nothing but Brands

GE Case

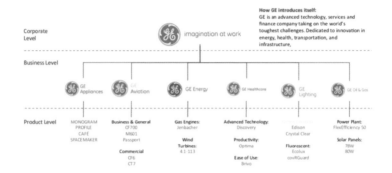

<출처:FullSurge>

가치 요소들은 SK 브랜드 사용 여부를 결정짓는 판단의 기준으로 활용되고 있다. 즉, 자부심 · 전문성 · 고객지향 등 아이덴티티 요소들은 그룹 내 SK 브랜드를 사용할 수 있는 기준이자 여러 회사가 SK 브랜드를 공유함에 있어 지켜야 할 약속으로 활용되고 있는 것이다. 또한 이들 가치 요소는 SK 브랜드 평가 측정의 기준으로도 활용되는데 이와 관련한 자세한 내용은 이어 소개될 브랜드 체계 관리와 성과평가 파트에서 설명하고 있다.

6
브랜드 체계(Architecture)

일반적으로 기업은 몇 안 되는 브랜드로 출발한다. 그러나 기업이 성장하고 사업 영역이 확장되면서 제품이나 서비스가 다양해지고 기업의 수가 확장되면서 다수의 브랜드를 운영하게 되는 경우가 일반적이다. 그리고 이렇게 **다양한 브랜드가 한 기업안에 존재하게 되면 이들을 효과적이고 효율적으로 관리해야 할 기준이 필요**하다. 즉, 한 기업 내 '브랜드 체계(Brand Architecture)'를 정비할 필요가 생기게 되는 것이다. 브랜드 체계란 다수의 브랜드를 보유한 기업이 브랜드 관리를 최적화하기 위하여 **브랜드의 수평·수직적 구조를 조직화**하는 것을 말한다. 다시 말해 브랜드의 역할(수평)과 위계(수직) 관계를 정리하는 작업이라고 할 수 있으며 이를 통해 기업 내에 존재하는 복수의 **브랜드 상호간(間) 시너지 효과가 창출**되어 브랜드 자산이 강화될 수 있다.

대기업의 경우 그룹 브랜드를 기업명은 물론 제품 브랜드에 이르기까지 폭넓게 사용하는 경우가 일반적이다. 이를 통해 신규 사업

시티은행 브랜드 체계 변화

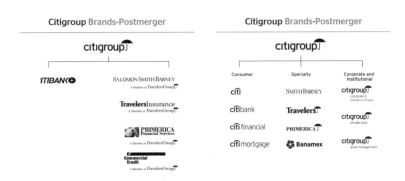

<출처: Brand Portfolio Strategy, David A. Aaker, 2004>

이나 새로운 제품의 신뢰성을 높이고 인지도를 조기에 정착시키는 장점이 있기 때문이다. 반면에 해당 신규 사업이나 제품의 성과가 좋지 않거나 부정적 여론을 얻게 되면 이로써 발생되는 부정적 이미지는 모(母) 브랜드에도 미치게 된다. 과거에는 이러한 부정적 이미지가 커지면 그룹 브랜드를 교체하여 새로운 이미지로 전환하려는 시도가 가능했으나 이제는 우리 기업들도 국내외에서 막대한 브랜드 가치를 보유하게 되어 그러한 시도 자체가 불가능하게 되었다. 따라서 **그룹 브랜드를 사용할 수 있는 업종과 제품을 전략적으로 판단함으로써 이러한 위험을 사전에 방지하고 이를 통해 회사의 전체 브랜드 체계가 정비·관리될 수 있도록 해야 한다.**

효율적 브랜드 체계의 설계·운용의 대표적 예로 인용되는 기업이 시티(Citi)은행이다. 시티은행은 적극적인 사업 확장의 결과, 금융산업 각 분야에서 많은 자회사와 서비스를 보유하게 되었다. 이처럼 금융 산업 각 영역에서 다양한 브랜드를 운영하던 시티은행은 차별성이 필요한 일부 영역을 제외하고 확장된 브랜드들을 모(母)브랜드인 시티의 하위 브랜드로 운용하는 '단일 브랜드 체계'를 채택했다. 이를 통해 **시티 그룹의 규모감과 전문성을 강조**하고 커뮤니케이션 측면의 효율성 제고 및 시각적인 통일성을 유지하고 있다.

브랜드 체계의 유형

브랜드 체계는 일반적으로 다음 네 가지 유형으로 구분된다.

단일(Single) 브랜드 체계 - 기업 브랜드로 다양한 제품 라인을 묶는 전략이다. **모든 자원을 집중해서 사용할 수 있으며 새로운 브랜드를 최소한의 비용만 들이고도 출시할 수 있다. 하지만 개별 제품이나 서비스의 이미지가 훼손될 경우 기업 브랜드까지 손상을 입을 수 있다는 단점이 있다.** 하나의 차종 내에서도 배기량 및 디자인에 따라 다양한 제품군을 보유하게 되는 자동차 브랜드에서 많이 적용하고 있으며 대표적으로 BMW의 브랜드 체계를 들 수 있다.

많은 자동차 업체가 그렇듯 BMW는 기업 브랜드(Corporate

BMW의 브랜드 전략

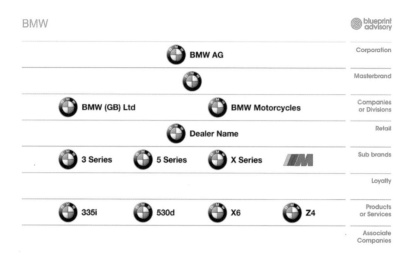

<출처:Slideshare-Brand arChitecture>

Brand)를 단일 브랜드로 삼고 세부 모델 및 배기량 등을 기준으로 수식어(Modifier)를 적용, '기업 브랜드+ 수식어' 형식을 기본적인 브랜드 체계로 삼았다. 이 때 수식어는 브랜드 요소라기 보다는 배기량 등급을 표시하거나 차량의 유형(예를 들어 X=SUV와 같이)을 구분하는 기능적 역할만을 수행한다.

서브(Sub) 브랜드 체계 - 서브 브랜드 체계는 한 기업내에 다양한 제품군을 보유하고 있는 경우 가장 보편적으로 적용하는 형태

애플의 'i' 시리즈 브랜드

MacBook Pro   Apple Store   iOS 6
iMac   iTunes   iBooks
MacBook Air   iWork
iPad
iPad mini
iPhone

<출처: bizorb>

이다. 기업 브랜드 아래 제품 라인에 따라 새로운 브랜드를 추가적으로 파생시키는 전략으로, 애플(Apple)이 iPhone, iPad 같은 'i' 시리즈의 패밀리 브랜드(Family Brand)를 사용하거나 삼성의 프리미엄 생활 가전 브랜드인 '하우젠(Hauzen)' 아래 다양한 서브 브랜드를 출시하는 것 등이 대표적인 예이다.

이러한 서브 브랜드 전략은 모(母) 브랜드의 인지도나 핵심 아이덴티티 등 제한적 요소는 활용하되 새로움을 극대화시킬 수 있는 전략으로 **새로운 브랜드를 통해 기존 브랜드도 강화하거나 변화시**

3M의 브랜드 전략

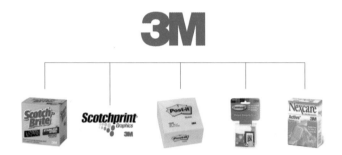

<출처:Slideshare-Brand Development>

킬 수 있다. 또한 기존에 구축된 브랜드를 통해 안정적으로 새로운 브랜드를 구축할 수 있다는 장점을 가진다. 그러나 이러한 체계는 모 브랜드와 새로운 서브 브랜드 사이의 적합성이 낮을 경우, 모 브랜드 뿐 아니라 새로운 제품까지도 긍정적이지 못한 영향을 받는 결과를 낳을 수도 있기 때문에 신중하게 검토되고 실행되어야 한다. 또한 **기업 브랜드를 적용한다면 어떤 형식을 취할지 명확한 역할 분담을 통해 효과적으로 관리되어야 한다.**

보증(Endorsed) 브랜드 체계 - 새로운 브랜드를 출시할 때 기존 모(母) 브랜드의 파워를 빌려 오는 즉, 보증(Endorsement)을 서게하는 전략이다. 기존에 구축된 브랜드를 통해 안정적으로 새

브랜드 구축의 위험을 최소화 할 수 있다는 장점을 가진다. 예를 들어 '3M'의 경우 혁신과 품질의 상징인 기업 브랜드 '3M'의 보증(제품명 by SM)을 통해 다양한 신규 제품군에 신뢰를 부여하여 시장에서 고부가가치 제품으로 포지셔닝할 수 있었다. 보증 브랜드 체계는 기업 브랜드의 힘을 빌리되 일정 부분 독립적인 브랜드 체계의 구축이 가능하다는 장점이 있다

단, **보증해 주는 브랜드가 명확하지 않은 경우 포지셔닝 상 혼란을 가중시킬 수 있다는 위험**이 있는데, 보증하는 브랜드의 이미지가 너무 한 카테고리에 국한되어 있거나 추구하는 아이덴티티가 불분명할 경우 새로운 브랜드의 이미지 구축에 방해가 될 수도 있다.

P&G의 브랜드 전략

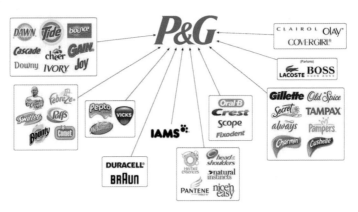

<출처: Inkbot Design>

또한 하위 브랜드의 부정적 자산이 보증 브랜드에 영향을 미칠 수 있다는 단점도 있다.

개별(Individual) 브랜드 체계 - 사업 포트폴리오의 **제품군이 서로 이질적이고 목표 고객 집단이 서로 다를 때** 바람직한 전략으로, 개별 제품 브랜드 중심으로 운용한다. P&G, 유니레버와 같이 생활용품 사업에 진출해 있는 기업에서 많이 활용되고 있다. 개별 브랜드 체계는 **각 타깃 시장이 비교적 명확하게 구분되어 있거나 제품 차별성이 강한 사업의 경우 바람직**한 전략으로 평가된다.

개별 브랜드 체계의 장점은 각각의 개별 제품이 독립적인 포지셔닝을 구축할 수 있으며 한 제품의 부정적 자산이 다른 브랜드에 영향을 미치지 않는다는 점 등을 들 수 있다. 그러나 브랜드 사이의 시너지 창출이 어렵고 개별 브랜드 차원에서 커뮤니케이션 투자가 이루어져야 하는 만큼 **효율성이 떨어지는 한계**가 있다. 또한 동일 제품군(Category) 내에 복수의 제품을 출시할 수도 있는 만큼 각각의 가치 제안이 불명확할 경우 오히려 서로 시장을 잠식하는 현상(카니발라이제이션 ; Cannibalization)이 발생할 수 있는 위험이 있다.

7
브랜드 체계(Architecture) 구축 전략

기업의 브랜드 체계를 구축하는 전략적 의사결정 방법에 관해 살펴보자. 서강대학교 전성률 교수는 브랜드 체계를 설계할 때 다음 네 가지 포인트를 고려하여 의사결정을 해야 한다고 강조한다. **①Number : 브랜드의 갯수 즉, 몇 개를 적용할 것인가 ② Level : 기업 브랜드 · 패밀리 브랜드 · 제품 브랜드 등의 상하관계 ③Boundary : 하나의 브랜드가 포괄하는 제품군의 영역 또는 범위 ④Emphasis : 브랜드 커뮤니케이션에 있어 전략적 강조점**을 어디에 둘 것인가에 대한 의사결정

삼성의 핸드폰 브랜드를 예를 들어 브랜드 체계 구축과 관련된 의사결정 요소를 알아보자.

①브랜드의 수(Number)란 한 제품 안에 포함되는 브랜드의 수를 몇 개로 가져갈지에 대한 의사결정이다. 삼성의 핸드폰 '갤럭시' 시리즈의 경우, 전체적으로는 **'삼성'**이라는 기업 브랜드

와 '**갤럭시(Galaxy)**'라는 제품 브랜드, 그리고 '**S22**' 등의 수식어 (Modifier) 요소 등 **총 세 개의 브랜드 요소를 적용하는 구조**다. 일반적으로 브랜드의 수는 커뮤니케이션 효율성 등을 고려 2~3개의 형태가 가장 보편적이다. 브랜드 요소가 많아질수록 기억하기 어렵고 커뮤니케이션 효율성이 떨어지기 때문이다.

②**레벨(Level)**은 기업 브랜드(Corporate Brand) · 패밀리 브랜드(Family Brand) · 개별 브랜드(Individual Brand) · 수식

브랜드 Level의 예

Corporate Brand	기업명을 사용하는 것 (예) 삼성
Family Brand	Corporate Brand가 아니면서 하나 이상의 제품 카테고리에 사용되는 브랜드 (예) (삼성)하우젠
Individual Brand	하나의 제품/제품군에 사용되는 브랜드 (예) 신라호텔
Modifier	주로 제품의 성분이나 속성을 나타내기 위해 추가 되는 수식어 (예)(BMW)X7, 520i

어(Modifier) 등 브랜드의 각 레벨(Level) 중 어느 레벨의 브렌드를 결합시킬 것인가에 대한 의사결정이다. 기업 브랜드와 개별 브랜드를 결합시키는 경우가 일반적인데 자동차와 같이 제품의 세분화가 활발히 이루어지는 경우 앞서 설명한 BMW와 같이 '기업 브랜드 + 수식어' 체계를 적극 활용하기도 한다.

③브랜드의 범위(Boundary)는 특정 브랜드가 포괄하는 제품군을 설정한다. 예를 들어 과거 '애니콜'은 삼성의 휴대 전화 브랜드 중 피쳐폰(Feature Phone) 제품군을 포괄하는 브랜드로서 역할을 했으며 이후 등장한 '갤럭시'(Galaxy) 브랜드가 스마트폰을 포괄하는 브랜드로 새롭게 등장했다.

④강조점(Emphasis)은 적용된 복수의 브랜드 중 어느 브랜드에 커뮤니케이션의 강조점을 둘 것인가에 관한 의사 결정이다. 삼성 애니콜의 경우 출시 초기에는 낮은 브랜드 인지도를 고려하여 기업 브랜드인 삼성을 강조하는 전략을 사용했다. 이후 애니콜은 물론 갤럭시 시리즈의 경우에는 이미 확보된 기업 인지도를 바탕으로 패밀리 브랜드를 중점적으로 커뮤니케이션했으며 최근에는 S22 등 하위 브랜드 레벨에 대한 커뮤니케이션 비중을 늘려가고 있다. 이렇듯 **어느 브랜드 레벨에 커뮤니케이션의 강조점을 두는가에 대한 전략적 판단** 역시 중요한 의사 결정 요소인 것이다.

휴대폰 광고로 본 브랜드의 강조점

중요한 것은 초기에 정해진 브랜드 체계 전략이 끝까지 지속되는 것은 아니고 소비자의 인지 수준이나 인식의 변화 등 **시장 상황에 따라 전략적으로 변화되어야 한다**는 것이다. 예를 들어 '갤럭시'가 삼성의 스마트폰을 대표하는 브랜드라는 것이 확실히 인지된 이후에는 자연스럽게 커뮤니케이션의 강조점이 옮겨가게 되는 것은 물론 이를 패밀리 브랜드로 활용하여 하위 브랜드로 제품의 확장을 꾀할 수도 있는 것이다. 이렇게 되면 브랜드 수는 초기의 2개에서 3개로 늘어날 수 있다. 물론 이러한 의사 결정은 해당 제품의 시장 성과는 물론 브랜드의 인지도나 고객이 브랜드에 대해 지니고 있는 인식 측면에 대한 면밀한 분석을 통해 이루어지게 된다.

이러한 의사 결정 과정을 통해 브랜드 체계 관리가 효과적으로 이루어질 수 있으며 향후 출시하게 될 브랜드에 대한 전략적 판단의 잣대로도 활용될 수 있는 것이다. 적절한 브랜드 체계 관리가 이루어지게 되면 고객에게 각각의 **브랜드별 가치 제안을 명확하게 제시**할 수 있다. 또한 브랜드를 관리하는 입장에서 여러 브랜드들 사이의 역할과 위상을 확실하게 해 향후 제품이 세분화 되거나 다양해질 경우 **자원의 효율적인 배분이 용이**하다. 즉, 새로운 제품과 서비스의 브랜드 포지셔닝(Positioning)에 대한 의사결정이 수월해지고 고객 커뮤니케이션에 있어 필요한 부분에 역량을 집중해 마케팅 비용의 효율성을 높일 수 있게 된다.

브랜드 체계의 유형과 관련하여 앞서 언급한 3M은 <Fortune 500>의 대표 기업으로 수많은 제품을 출시하면서 지나치게 많은 브랜드 때문에 이미지가 명확하지 못하고 혼란스럽다는 단점이 있었다. 이에 3M은 문제 해결을 위해 최고 경영진이 참여하는 '기업 브랜드 정책 위원회'를 만들어 브랜드의 도입·사용·보증 등 의사결정에 허가제를 도입하는 등 브랜드 체계 관리에 관한 명확한 원칙을 세우고 이를 실행했다. 그 결과, 기업 브랜드 '3M'을 주요 제품에 '보증'(Endorse)하는 기본 정책 하에 세부 적용 기준과 원칙을 정했을 뿐만 아니라 관련 의사결정 시에 지켜야 하는 규정을 가이드북으로 배포하는 등의 노력을 통해 브랜드 체계의 혼란을 방지하고 커뮤니케이션의 명확성을 제고하는 효과를 거둘 수 있었다. 브랜드 체계 관리에 대한 의사결정 방법론에 대해서는 다음 장에서 사례를 통해 살펴보자.

3M의 브랜드 체계 전략의 의사결정 과정

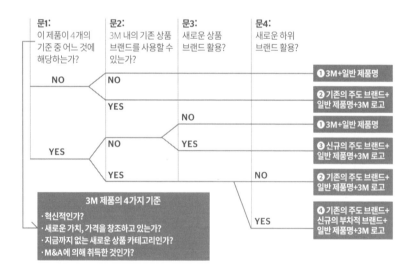

<출처: 김재영, Brand and Branding>

8
SK의 브랜드
체계 관리

SK그룹 역시 많은 관계사가 SK 브랜드를 기업명은 물론 다양한 제품과 서비스에 사용함에 따라 생길 수 있는 혼란을 방지하고 효율적으로 브랜드 체계를 관리하기 위해 SK 브랜드를 적용할 때 고려해야 하는 기준과 원칙을 사전에 규정하고 있다. SK의 브랜드 체계 관리를 위한 '의사결정 모델'의 특징은 SK그룹의 경영철학을 우선 반영했다는 점을 들 수 있다. SK그룹은 그룹의 개념을 SKMS(SK Management System: SK 경영관리체계)를 근간으로 '기업문화와 브랜드를 공유하는 기업'으로 규정하고 있는데 여기에는 회사의 지분(持分) 보유 여부 보다는 기업문화와 브랜드를 통한 '결속'을 통해 그룹을 발전시켜 나가자는 취지가 담겨있다.

이러한 경영 철학을 반영하여 SK 브랜드를 적용할 수 있는 첫 번째 기준은 △**해당 기업이나 제품이 'SKMS와 브랜드 공유 원칙을 준수하겠다고 약속해야 한다'**는 것이다. 이를 위해 SK의 각 회사들은 사전에 기업문화와 브랜드 공유에 대한 협약을 맺고 있다. 이에

SK 브랜드 체계 구축 방향

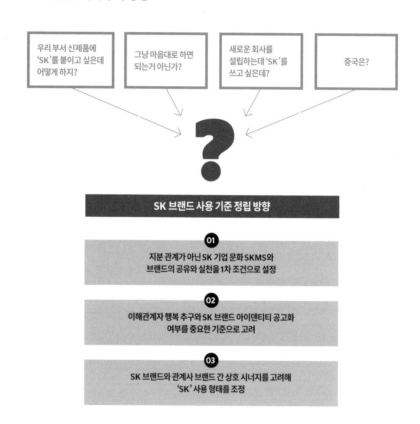

의거하여 고객은 물론 다양한 이해관계자에 미칠 수 있는 영향을 파악하여 부정적 영향이 발생할 가능성이 있는 사업이나 제품에 대해서는 SK 브랜드의 사용을 불허(不許)하도록 규정하고 있다. 브랜드의 사용 여부에 대한 의사 결정 다음은 브랜드의 유형을 결정하는 단

계로, △SK 브랜드가 해당 사업(또는 제품과 서비스)에 주는 시너지
(Synergy) 측면의 영향력과 해당 사업이 SK 브랜드에 미치는 영향
을 종합적으로 판단하여 브랜드의 유형을 결정하도록 설계했다.

즉, SK를 사용하고자 하는 하위 브랜드(기업 또는 제품·서
비스)와 SK 브랜드 사이에 서로에게 도움이 되는 정도(Top-down
Effect와 Bottom-up Effect)를 평가하여 서로에게 긍정적인 영
향이 클수록 SK를 좀 더 직접적으로 적용하게 된다. 이와 반대로

SK 브랜드 의사결정 단계

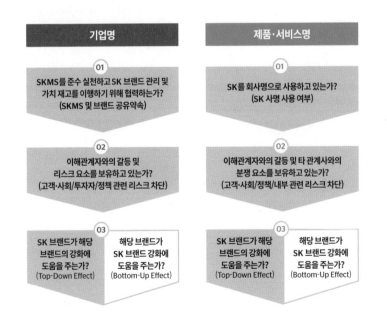

기업명		제품·서비스명	
01 SKMS를 준수 실천하고 SK 브랜드 관리 및 가치 재고를 이행하기 위해 협력하는가? (SKMS 및 브랜드 공유약속)		01 SK를 회사명으로 사용하고 있는가? (SK 사명 사용 여부)	
02 이해관계자와의 갈등 및 리스크 요소를 보유하고 있는가? (고객·사회/투자자/정책 관련 리스크 차단)		02 이해관계자와의 갈등 및 타 관계사와의 분쟁 요소를 보유하고 있는가? (고객·사회/정책/내부 관련 리스크 차단)	
03 SK 브랜드가 해당 브랜드의 강화에 도움을 주는가? (Top-Down Effect)	해당 브랜드가 SK 브랜드 강화에 도움을 주는가? (Bottom-Up Effect)	03 SK 브랜드가 해당 브랜드의 강화에 도움을 주는가? (Top-Down Effect)	해당 브랜드가 SK 브랜드 강화에 도움을 주는가? (Bottom-Up Effect)

SK 브랜드를 적용하는 것이 개별 기업이나 브랜드 차원에는 도움이 되나 (Top-down Effect가 높은 경우) 해당 브랜드의 업종 특성이나 목표 고객 등이 SK 브랜드와 적합하지 않은 경우(Bottom-up Effect가 낮은 경우)에는 보증 브랜드로 적용하도록 규정하고 있다.

이러한 의사결정 과정을 통해 SK의 브랜드 체계는 크게 SK 브랜드를 적용하지 않는 **'개별 브랜드 (체계)'** 외에 **'기업 브랜드'**와 **'보증 브랜드'**의 3가지 체계로 구성된다. 기업 브랜드는 사명이나 제품명에 SK를 직접 적용하는 형태이며 SK가 주요 식별자 즉, 브랜드로서 역할하게 된다. 보증 브랜드 형태는 SK가 직접 적용되지 않지만 커뮤니케이션을 비롯한 마케팅 활동 등에 보증(Endorsement) 형

SK 브랜드 사용 형태

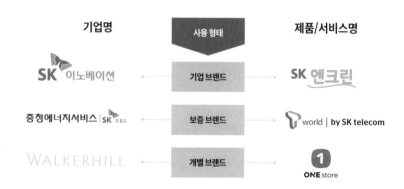

식으로 함께 사용됨으로써 해당 기업에 신뢰성과 함께 규모감 · 소
속감을 부여하는 역할을 한다.

　　SK의 브랜드 체계 관리를 위한 의사결정 방법은 그룹뿐만 아
니라 계열사에도 적용되어 브랜드 관리의 일관성을 높이고 있다. 뿐
만 아니라 중국 등 해외에서도 동일하게 적용되어 글로벌 시장에서
SK 브랜드가 올바르게 사용되고 커뮤니케이션 될 수 있도록 지원하
고 있다.

9
브랜드 커뮤니케이션의 시작
아이덴티티 정교화(Elaboration)

브랜드 아이덴티티 정교화의 정의 및 중요성

고객에 대한 브랜드의 가치 제안 또는 약속이라 할 수 있는 **브랜드 아이덴티티를 고객이 경험하거나 공감할 수 있도록 실체를 부여하는 작업을 브랜드 아이덴티티 '정교화'(Brand Identity 'Elaboration')**라고 한다. 쉽게 이야기 하면 '브랜드 약속에 대한 실천 프로그램'이라고 할 수 있다. 아이덴티티 정교화에 대한 충분한 고려와 실천이 없는 브랜드 관리는 공감과 경험이 결여될 수 밖에 없기 때문에 단기적으로 반짝 관심을 끌 수 있을지 몰라도 지속적인 아이텐티티 구축이 어렵고 따라서 파워 브랜드로의 성장을 기대하기는 더욱 어려울 수 밖에 없다. 여기서 의미하는 **'브랜드에 대한 고객의 경험'은 소비자의 직·간접적인 사용 경험을 포함하는 것은 물론 커뮤니케이션 등 이를 지원하는 다양한 요소를 포함**한다.

그리고 다소 추상적 개념인 브랜드 아이덴티티 요소들을 해석하고 구체화하기 위해서는 **고객 접점은 물론 조직 내부의 구성원들이 브랜드 아이덴티티를 올바르게 이해하고 실천하게 하는 것이 무엇보다 중요하다.** 이처럼 다양한 측면의 상호작용을 통해 브랜드 아이덴티티의 각 가치 요소들이 고객에게 전달될 수 있고 궁극적으로 브랜드를 차별화 시키게 되는 것이다. 이와 함께 사업이 확장되고 제품 및 서비스가 다양해지면서 **브랜드의 강화(強化) 또는 재활성화(再活性化)가 필요해지는데 이러한 과정도 브랜드 정교화의 일부라고 할 수 있다.**

일본 MK 택시를 통해 아이덴티티 정교화의 사례를 살펴보자. 이 회사는 '가장 친절한(Most Kind) 택시'라는 별칭이 말해주듯이

MK택시 소개 도서와 유봉식 회장

<출처: 네이버 사진 캡처>

'친절'을 핵심 브랜드 아이덴티티로 표방하고 있다. (브랜드 아이덴티티라는 구체적 용어를 사용했는지 경영원칙으로 삼았는지는 중요치 않다.) 1960년 유봉식 회장이 일본에서 창업한 MK 택시의 이름은 창업 당시 명칭인 '미나미 택시'와 이후 합병한 '가쓰라 택시'의 머리글자를 합한 것이다. 그리고 그 약속을 지키기 위해 '고객은 神이다'를 모토로 서비스 제일주의를 실천했다. MK 택시는 고객이 부르면 어디라도 달려갔고 신체장애자와 노약자 우선주의를 실천했을 뿐만아니라 다른 택시와 차별화된 심야 할인, 경로 할인, 기모노 할인, 원거리 할인 등 다양한 요금제를 도입했다.

MK의 기사들은 고객이 차에 탈 때는 차에서 내려 인사하고 실내에서는 고객의 기분이 상하지 않도록 배려한다. 거부감이 느껴질 수 있는 선글라스의 착용은 물론 껌 씹는 소리와 잡담을 금지하고 하차 시에는 두고가는 물건이 없는지 확인해 준다. 또한 심야 긴급 배차를 실시하고 위급시 응급 조치를 실시할 수 있도록 기사에 대한 안전 교육을 의무적으로 실시해 심지어 일부 지역에서는 응급 환자가 생기면 MK에 전화하라고 할 정도였다고 한다.

이런 일련의 과정을 통해 MK의 기사들은 단순한 택시 기사가 아닌 고객 만족의 전문가로서 역할을 수행했으며 그 결과 'MK = 친절'이라는 **브랜드 약속을 실천**할 수 있었다. MK 택시의 이러한 노력

들은 '고객 만족 경영'의 대표적인 사례로 우리나라에서도 각종 강연
과 저서를 통해 소개되기도 했다.

브랜드 아이덴티티 정교화와 커뮤니케이션

외부 커뮤니케이션

**소비자의 직접적인 체험을 제외하고 아이덴티티 정교화에 가
장 큰 영향을 미치는 것은 커뮤니케이션**이다. 그중에서 다양한 외

Holistic Marketing의 4가지 구성 요소

<출처: Aashima Verma Blog>

부 커뮤니케이션 메시지들은 주로 광고나 프로모션 활동을 통해 전달되는데 제품이나 서비스의 이용 상황에서 긍정적 이미지를 부각할 수 있는 스토리는 물론 시각적 상징물 등이 주로 활용된다. 그리고 효과적인 커뮤니케이션이 이루어지기 위해서는 브랜드 아이덴티티의 각 가치 요소 중 무엇을 전략적으로 강조할 것인지에 대한 분석과 함께 이를 효과적이고 차별적으로 전달하려는 노력이 필요하다. 최근에는1인 미디어 등 **고객이 접하는 다양한 미디어를 총체적으로 활용해서 브랜드에 대한 관심과 친근감을 갖도록 유도**하는 '전체적

브랜드 성공 전략

<출처: bizmedia>

(Holistic) 접근'이 많이 활용되고 있다. 이경우 다양한 고객 접점에서 복수의 메시지가 활용되는 만큼 각 메시지와 매체의 특성을 고려한 정교한 접근은 필수적이다.

기타 브랜드 아이덴티티 정교화 방법

아이덴티티를 구체화 하는 실천 프로그램과 커뮤니케이션 외에도 아이덴티티 정교화의 효과적인 수행을 위해서는 다양한 지원 프로그램이 필요하다. 이를 통해 고객은 브랜드의 약속을 더욱 구체적이고 생동감 있게 체감할 수 있는데, 그 대표적인 예가 **브랜드의 '역할 모델'(Role Model)**이다. 성공적인 브랜드의 경우 창립자나

브랜드 아이덴티티 정교화

<출처: 에스티마의 인터넷 이야기>

<출처: SBS뉴스, 2011.2.17>

최고경영진(CEO)이 직 · 간접 커뮤니케이션을 통해 브랜드의 비전을 내부는 물론 대중에게 적극 전파하여 브랜드의 인지도와 주목도를 높이기 위해 노력하고 있다. 영국 버진 그룹의 리처드 브랜슨 회장이나 바디샵의 애니타 로딕은 물론이고 애플의 스티브 잡스나 현대카드의 정태영 대표(부회장) 등 해당 브랜드가 거둔 긍정적 성과에는 브랜드 철학을 심고 이를 적극 전파하기 위해 노력한 경영자의 역할이 있었다고 할 수 있는 것이다.

다음으로 **시각적 상징물을 통한 브랜드 아이덴티티 정교화**를 들 수 있다. 시각적 상징물은 하나의 브랜드를 총체적으로 상징하는 심벌로서 시각적 차원에서 브랜드 정교화를 구현하는 수단이 될 수 있다. 따라서 시각적 상징물은 브랜드가 지향하는 가치가 차별적이고 효과적으로 전달될 수 있도록 개발되어야 한다. 이들은 주로 여러 가지 유형으로 조합되어 활용되는데 적용 매뉴얼은 물론 상징물에 관한 스토리, 영상물 등을 함께 준비하고 이를 **효과적으로 전파하기 위해 구성원에 대한 교육이 병행되는 것이 바람직하다.**

내부 커뮤니케이션

앞서 언급했듯이 아이덴티티의 정교화는 외부 고객뿐만 아니라 내부 구성원에게도 중요하다. 아이덴티티의 형성에 있어 **고객의 직접적인 경험은 다른 어떤 커뮤니케이션 활동에 우선할 수 밖에 없기 때문에 고객 접점에서 구성원의 행동은 물론 그들의 의도까지 아이덴티티와 연계되어 있어야 한다.** 따라서 내부 구성원들에게 브랜드 아이덴티티를 이해하기 쉽게 전달하고 이를 각자의 업무는 물론 구성원의 일상 생활에서 내재화될 수 있도록 지원하는 것이 중요하다.

이를 위해 브랜드 비디오 · 브랜드 매뉴얼 · 브랜드 북 등 다양한 방식의 내부 커뮤니케이션 통해 브랜드의 철학을 이해시키고 업

'미쉐린 맨'과 GE 브랜드 메뉴얼

<출처: 네이버 사진 캡처>

무별 행동 지침이나 브랜드 스토리텔링(Storytelling) 등을 통해서도 바람직한 인식과 행동을 규정하고 전파할 수 있다. 이때 내부에서 전달되는 정교화 관련 다양한 메시지는 외부와 일관성이 있어야 한다. 그래야 소비자는 말뿐만이 아닌 진심으로 여길 수 있고 궁극적으로 브랜드에 대한 충성도를 높일 수 있는 것이다.

이처럼 브랜드 아이덴티티 구체화 작업이 여러 측면에서 전략적이고 효과적으로 이루어지게 된다면 고객은 브랜드에 대해 **'인지'**의 단계를 넘어 **'공감'**, **'인정'**하고 비로소 **'지지'**와 **'애착'**을 보이게 될 것이다.

10
브랜드 강화 ·
재(再)활성화의 필요성

지금까지는 브랜드의 정적(靜的) 측면에 대한 접근을 중심으로 이야기 했다. 그러나 산업이 변화하고 사업이 발전하면서 다양한 제품과 서비스가 출시되고 경쟁 상황의 변화에 따라 브랜드 역시 성장은 물론 변신과 소멸을 피할 수 없다. "브랜드는 생성 · 발전되었다가 퇴화한다"는 브랜드 진화론 차원에서 논의되는 브랜드 관리 요소가 **'브랜드 강화(Reinforcement)와 재활성화'** **(Revitalization)**이다. 브랜드가 시대에 뒤떨어지거나 소비자의 마음에서 멀어지지 않고 지속적으로 성장하도록 하는 것이 브랜드 강화 및 재활성화의 목적이며 이를 위해서는 '브랜드 진화' 과정을 면밀히 분석하여 브랜드가 신선함을 잃지 않도록 해야 한다.

브랜드 진화 단계 분석

한 브랜드의 진화 단계를 알아보기 위해서는 브랜드의 시계열

브랜드 진화 단계 분석

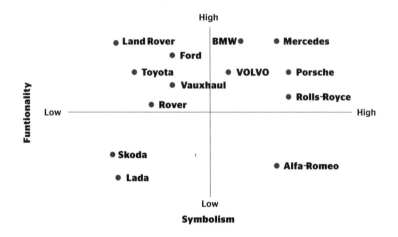

<출처: 제일기획 전략마케팅 연구소>

적(時系列的) 발전 단계를 먼저 이해하고 있어야 한다.

1) 도입 단계 (Introduction stage) : 소비자가 브랜드를 기억하고 이미지를 형성할 수 있도록 하는 단계로, 시장 진입 단계에서 브랜드 이미지와 포지션을 세우기(Positioning) 위한 일련의 활동이 진행된다.

2) 정교화 단계 (Elaboration stage) : 경쟁 기업 또는 제품 대비 '지각된 우수성'(Perceived Superiority)을 갖추고 유지하기 위해 브랜드 이미지를 증대시킨다

3) 강화 단계 (Fortification stage) : 정립된 이미지를 제품과 지속적으로 연결시키면서 브랜드 이미지를 구축, 강화한다

이때 고려해야 할 사항은 각 단계별 고객 욕구의 변화 모습이다. 고객의 욕구는 일반적으로 **기능적 욕구(Functional needs)** 에서 **상징적 욕구(Symbolic needs), 경험적 욕구(Experiential needs)**로 발전한다. 즉, 고객은 브랜드를 구매할 때 기본적으로 제품의 성능과 같은 기본적인 측면의 욕구를 느끼고지만 이에 더해 자아실현(Self-enhancement)이나 사회적 위치나 소속감 또는 자기 정체성과 관련한 욕구를 추구하게 된다 그리고 궁극적으로 브랜드가 주는 내재적 만족감으로 발전하게 된다. 따라서 브랜드 이미지를 구축하고 관리할 때는 이러한 **고객 니즈(Needs)의 변화와 브랜드의 상태를 파악하고 이를 브랜드 강화나 재활성화에 활용**해야 한다.

브랜드 진화 단계를 분석하기 위해서는 브랜드를 기능적인 측면과 상징적인 측면으로 나누어 파악하는 것이 일반적이다. 머피(1990) 등이 연구한 자동차 브랜드를 예로 들면 일 사분면에 위치한 메르세데스(Mercedes), BMW, 볼보(Volvo)는 기능성과 상징성에서 모두 높게 평가되고 있으며, 이 사분면에는 기능성은 높으나 상징성은 상대적으로 낮은 도요타(Toyota), 포드(Ford)등이 위치하고 있다. 일반적으로 브랜드는 초기에는 기능성과 상징성이 모두 낮은 삼 사분면에서 기능성이 높아지는 이 사분면으로 그리고 최종적으

로는 상징성이 높아지면서 두 축이 모두 높아지는 일 사분면으로의 발전하는 수명 주기를 보이게 된다.

브랜드 강화 · 재활성화 방법

브랜드에 대한 고객 니즈의 변화를 파악하고 이에 따라 브랜드 강화 및 재활성화 전략을 수립하려면 브랜드의 인지(認知) 수준 외에 기능적 이미지 또는 지각된 품질과 함께 상징적 이미지(연상)를 분석해야 한다. 보통 **인지 수준이 높아지고 난 이후에 기능성에 대한 인식이 높아지며 이후 점차 상징성이 강화되면서 강력한 브랜드로 자리매김한다.** 이동통신 서비스처럼 초기에는 커버리지와 같은 지각된 품질에 대한 평가가 높게 나타나지만 기술 측면의 차별화가 더 이상 의미가 없는 시점부터는 광고 등 커뮤니케이션에 의해 특정한 연상 등 상징성이 형성되는 것과 같은 경우다. 이처럼 인지도에 대한 측정과 함께 기능적 · 상징적 이미지를 세부적으로 분석하여 브랜드가 현재 성장 단계에 있는지, 퇴화 단계에 있는지를 살펴보고 전략을 수립해야 한다.

기존 브랜드 자산을 유지 · 강화하는 방법은 브랜드의 일관성을 유지하는 방법과 구체적 마케팅 프로그램을 통해 고객 소통의 질

과 양을 증가시키는 방법이 있다. 이제는 우리에게도 친숙한 브랜드인 중국의 샤오미(Xiaomi)는 초기에는 외국 브랜드를 모방한 디자인과 성능의 제품을 저가에 판매함으로써 부정적인 이미지가 있었으나 스틸 재질과 백색 컬러, 미니멀한 디자인 등 일관된 아이덴티티를 지속 유지함으로써 점차 부정적인 이미지가 줄어들고 긍정적인 브랜드 이미지가 구축되어 가고 있는 것으로 평가받고 있다.

마케팅 프로그램을 통한 브랜드 자산 강화의 예로는 미국의 할리데이비슨(Harley-Davidson)을 들 수 있다. 할리데이비슨은 엔진에서 뿜어져 나오는 강한 진동은 물론 말발굽 소리와 비슷한 배기음으로 많은 매니아를 열광 시켰다. 할리데이비슨 이들을 대상으로 커뮤니티를 구축하고 '할리를 타는 사람'사이에서만 느낄 수 있는 특별한 가치를 제공함으로써 브랜드 이미지를 강화시켰을 뿐 아니라 연관 산업에도 진출할 수 있었다.

브랜드를 재활성화시키는 방법으로는 브랜드의 재구매 주기를 단축시키는 방법과 함께 브랜드의 소비 빈도와 사용 습관을 바꿔주는 방법, 브랜드의 새로운 용도를 개발하는 방법 등을 들 수 있다. P&G의 '듀라셀(Duracell)' 건전지의 경우 건전지의 남은 수명을 미리 알려주는 기능을 도입하여 소비자들을 유인하는 한편 건전지 재구매 주기를 단축시켰다. 존슨앤존슨(Johnson & Johnson)의 구

Nothing but Brands

119

샤오미 광고와 할리데이비슨 로고

샤오미는 주요 광고에 유명 배우를
모델로 적극 기용했으며
할리데이비슨은 '터프함'의 상징을
넘어 수많은 동호회를 중심으로 하나의
문화현상으로 발전했다.

결국! 브랜드

강 청결제 '리스테린(Listerine)'은 양치질만으로는 입속 세균을 제
거할 수 없다는 연구 결과를 통해 리스테린 사용의 필요성을 강조
하였다. 치약 등 생활용품으로 유명한 미국의 '암앤해머(Arm and
hammer)' 베이킹소다는 음식 제조용으로 쓰이는 베이킹소다가 탈
취와 미백에 효과가 있다는 것을 발견하여 냉장고 탈취제를 비롯, 치
약 등을 제조하여 새로운 소비를 창출한 것으로 유명하다.

11
브랜드의 가치(성과) 평가 및 활용

브랜드 가치 평가의 의의

애플 4,083억 달러, 아마존 2,492억 달러, 삼성전자 746억 달러(2021년 기준). 글로벌 브랜드 컨설팅 회사인 인터브랜드(Interbrand)는 매년 '세계 100대 글로벌 브랜드'의 가치를 측정, 발표하고 있다. 브랜드 가치 평가는 말 그대로 브랜드라는 무형자산의 가치를 측정하는 활동이다. 인터브랜드와 제이피 모건(JP Morgan)이 글로벌 기업을 대상으로 공동 수행한 연구에 따르면 **브랜드 가치가 그 기업의 주주가치(shareholder value)에서 차지하는 비중은 평균 38%에 이르는 것으로 나타났다.** 유형자산이 36%, 브랜드를 제외한 나머지 무형자산이 26%로 나타나 브랜드가 기업에 얼마나 중요한 자산인가를 실증적으로 보여주고 있다.

또한 강력한 브랜드를 가진 기업의 주가는 시장 평균에 비해 상대적으로 높은 수익률과 낮은 위험 수준을 보이고 있는 것으로 나타나 브랜드 자산의 효과를 간접적으로 알 수 있다. 이처럼 기업은 브랜드를 이익 창출의 귀중한 자산으로 인식하고 이를 적극적으로 육성하려는 노력과 함께 그 가치를 계량화·측정하고 있다.

브랜드를 재무제표에 자산으로 표기하고 있는 영국 등 기업에 있어 브랜드 평가는 자산 평가의 일환이지만 브랜드 가치 평가가 브랜드를 단지 화폐 가치로 나타내는 것만을 의미 하지는 않는다. 오히려 브랜드의 관리 측면에 대한 '성과' 평가를 통해 브랜드 가치에 영향을 주는 요인에는 어떤 것이 있으며 이에 대한 고객의 평가는 어떤지 파악하고 이를 높이기 위한 전략을 모색할 수 있는 것이다. 브랜드 가치(성과) 평가를 기초로 브랜드 관리 활동에 관한 의사결정이 따른다는 측면에서 **브랜드에 대한 평가는 기업이 브랜드를 관리하고 육성하는데 있어 중요한 요소 중의 하나**라고 할 수 있다.

브랜드 가치 평가 방법

브랜드 가치 평가는 그 접근 방법에 따라 **재무적 ('가치') 평가와 마케팅 측면의 ('성과') 평가**로 나눌 수 있다.

재무적 측면의 접근 방법은 재무 자료의 분석을 기반으로 하며 인터브랜드(Interbrand)의 브랜드 가치 평가가 가장 대표적이다. 이 회사는 1980년대 후반 세계 최초로 브랜드 가치 평가를 실시한 이후 3,500여 개 이상의 프로젝트를 진행해 오면서 그 권위를 인정받고 있다.

인터브랜드의 평가 방법은 다음과 같이 요약할 수 있다.

이 방법은 **①재무 분석 ②브랜드 역할 지수 ③브랜드 경쟁력 지수 등 크게 세 가지 기준**에 대해 평가한다. 각종 재무 관련 데이터 및 수년간의 조사 결과를 바탕으로 현재 또는 미래에 브랜드가 창출할 것으로 보이는 수익의 현재 가치를 평가하는 것이 특징이다. 재무 분석에서는 우선 해당 기업이나 제품이 발생시킨 전체 매출액 가운데 브랜드와 무관한 매출, 예를 들어 OEM에 의해 발생한 매출 등은 제외하고 브랜드와 관련해 발생한 매출액을 산출한다. **브랜드 역할 지수는 시장에서 순수하게 브랜드가 이익에 기여한 '비율'**을 구하는 단계이다. 브랜드를 제외한 무형자산을 통해 창출된 경제적 이익을 제외하고 순수하게 브랜드에 의해 창출된 무형 이익의 '비율'을 바탕으로 브랜드 역할 지수를 산출한다. **브랜드 경쟁력**에 대한 평가에서는 시장에서의 브랜드 리더십, 안정성, 국제화, 법적 보호력 등을 평가하여 이를 점수화 한다. 이때 미래에 발생할 브랜드의 위험을 고려한 할인율을 적용하기도 하는 것으로 알려져있다. 이 세 가지 평가 요소를 종합해 최종적으로 브랜드의 현재 가치를 산출하게 된다.

Nothing but Brands

Brand 가치 평가 방법

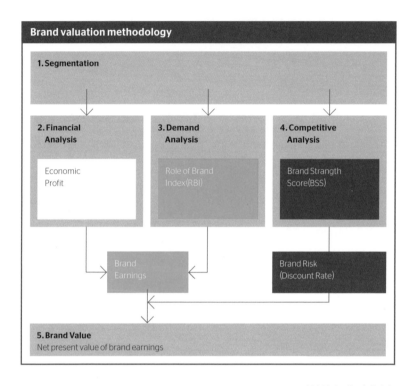

Brand valuation methodology

1. Segmentation

2. Financial Analysis

Economic Profit

3. Demand Analysis

Role of Brand Index(RBI)

4. Competitive Analysis

Brand Strangth Score(BSS)

Brand Earnings

Brand Risk (Discount Rate)

5. Brand Value
Net present value of brand earnings

<출처: 인터브랜드 홈페이지>

인터브랜드의 평가 방법론은 업계 최초로 ISO 인증을 획득하는 등 세계적으로 가장 인정받고 있는 평가 방법 중 하나로, 국내에서도 '대한민국 TOP 50', 'Best Korea Brand' 등 다양한 평가 결과를 발표하고 있다. 인터브랜드의 측정 방법은 **재무적 평가와 마케팅**

적 접근을 동시에 고려한다는 점에서 '통합적 접근법'이라 할 수 있다. 또한 상당히 복잡하고 다양한 요소를 고려해서 화폐 가치로 평가하는 만큼 개별적으로 수행하기는 어려움이 따르지만 평가 대상 기업들에 대해 동일한 기준을 적용한다는 점에서 의미를 찾을 수 있다.

다만, 고객이 브랜드에 대해 지닌 인식 상황을 평가하고 개선 방향을 도출하기 위한 마케팅적 분석의 툴로 활용되기에는 충분하지 않을 수 있다. 또한, 과거와 현재의 재무 자료를 바탕으로 미래의 이익 흐름을 예측해야 하는데 급변하는 시장 환경은 이러한 예측 자체를 어렵게 하고 있다. 특히 스타트업(Start-up)의 경우 이러한 평가 기준 자체가 무의미할 수도 있다.

마케팅 측면의 평가 방법은 주로 소비자 조사에 근거하여 브랜드의 '성과'에 영향을 주는 소비자의 행동과 태도를 측정하고 이를 통해 브랜드 관리의 성과를 평가하는 방법을 말한다. 주로 인지도나 선호도, 구매의향 등 브랜드 충성도(Loyalty)와 관련한 세부 항목에 대한 소비자 조사를 통해 확인한다. 이를 통해 브랜드 충성도에 영향을 미치는 세부 속성들 사이의 연관 관계를 파악할 수도 있다.

조사 설계는 각자의 전략 목표에 맞춰 다양한 방법으로 진행할 수 있다. 데이비드 아커 교수가 개발한 'Brand Equity Ten'은 브랜드에 대한 소비자의 인식(Customer Perception)과 관련된 주요 지표를 고객 조사를 통해 평가하고 여기에 시장 점유율과 같은 시장에서의 성과(Market Information)를 함께 반영하는 방식이다.

Brand Equity Ten

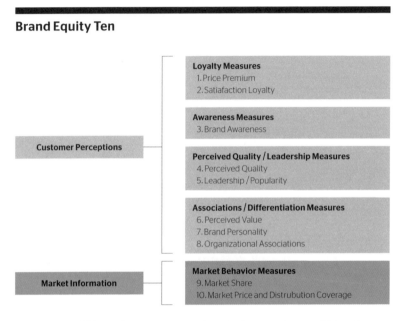

<출처: https://www.van-haaften.nl/branding/corporate-branding/112-brand-equity>

마케팅 측면의 평가는 고객의 머릿속에 형성된 브랜드에 대한 인식·연상 등을 파악함으로써 브랜드 자산이 어떻게 이루어져 있는지 구조를 파악하는데 도움이 된다. 화폐 가치로 평가하기는 어렵지만 **소비자의 태도 및 행동 지표를 관리하는 용도로 많이 사용되고 있으며 브랜드 전략 수립의 토대가 된다.**

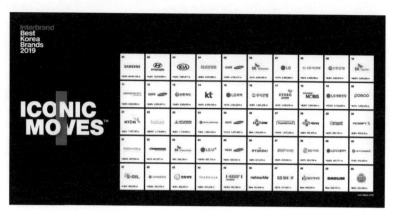

<'대한민국 Top 50 브랜드' 출처: 인터브랜드 홈페이지>

　　브랜드에 대한 평가는 손에 잡히지 않는 인식과 태도가 측정의 대상인 만큼 어떤 평가 방법도 100% 객관적일 수 없기 때문에 평가 결과가 절대적일 수 없다는 한계가 있다. 특히 재무적 가치의 측정은 기업의 인수 · 합병시 활용 등에 있어 상대방의 동의가 필수적인 만큼 외부의 객관적 평가를 활용하는 것이 효율적일 수 있다. 따라서 브랜드를 관리하는 입장에서는 성과 평가를 통해 브랜드 관리의 방향타로 삼는 것이 바람직하다. 심지어 최근에는 소비자 단체를 표방한 각종 기관과 단체가 자체 기준으로 브랜드를 평가하고 결과를 발표하는 경우도 있다. 그리고 이를 명분으로 대가를 요구하는 경우도 있는 만큼 주의가 필요하다.

브랜드 가치 평가의 전략적 활용

비록 100% 객관적일 수 없다는 한계에도 불구하고 주요 글로벌 기업들은 브랜드에 대한 의사 결정은 물론 투자와 관련한 도구로 브랜드 가치 평가를 활용하고 있다. 뿐만 아니라 기업의 인수·합병(M&A)이나 합작 투자 등 재무적 거래의 경우에도 브랜드 가치 평가를 활용하기도 한다. 브랜드 가치 평가의 주요 전략적 활용 분야를 요약해 보자.

투자에 관한 의사결정

복수의 브랜드에 대한 투자를 비용 대비 수익 측면에서 평가하고 분석함으로써 브랜드에 대한 투자 우선순위 결정 등 의사결정에 활용할 수 있다. 또한 브랜드 투자 수익(Return on Brand Investment)을 다른 자산의 투자 수익과 동일한 관점에서 비교 함으로써 기업 내부의 투자 관련 의사결정을 지원할 수 있다.

재무적 거래

기업간 인수·합병에 있어 브랜드 가치를 산출하여 거래 금액에 반영토록 한다. 브랜드 사용 권한을 양도·양수하거나 브랜드를 사용토록 하고 그 대가를(Brand Royalty Rate) 정할 때도 활용될 수 있다. 브랜드 관련 소송에서 브랜드의 불법적인 사용에 의한 재정적 손실분을 평가하는데도 활용될 수 있다.

브랜드 관리를 위한 성과 평가

시장에서 브랜드에 대한 고객의 인식을 정기적으로 측정·평가하여 브랜드 간의 관계와 역할을 분명히 하는 등 브랜드 포트폴리오 관리의 방향을 제시할 수 있다.

SK의 브랜드 성과 평가 및 관리

전략적 브랜드 관리를 위해서는 기업 브랜드는 물론 주요 제품에 대한 주기적인 평가가 필수적이다. 그리고 그때마다 기준이 변하거나 자의적으로 적용되지 않고 일관성을 유지할 수 있도록 **평가 모델을 브랜드 관리의 '시스템' 차원에서 구비해 두는 것이 바람직**하다.

SK는 그룹 차원에서 공동 브랜드는 물론 주요 관계사의 브랜드 파워를 측정하여 성과 평가 및 브랜드 전략 수립에 활용하고 있다. SK의 브랜드 파워 평가는 고객 조사를 통해 **브랜드 파워를 구성하는 세 가지 원천인 '인지도'외에 '기능적 속성', '정서적 속성'별로 세부 이미지 항목을 측정하여 이를 분석**하여 최종적인 브랜드 파워 인덱스(BPI : Brand Power Index)를 도출하고 있다.

브랜드 파워 인덱스(BPI)는 100점을 기준으로 환산하며 브랜드의 현재 상태는 물론 변화 추이를 파악하는데 사용된다. 또한 각

이미지 구성 요소에 대한 평가와 분석을 통해 브랜드 전략 수립 및 커뮤니케이션의 활동의 가이드라인으로 활용하고 있다.

브랜드 파워 측정 모델의 예

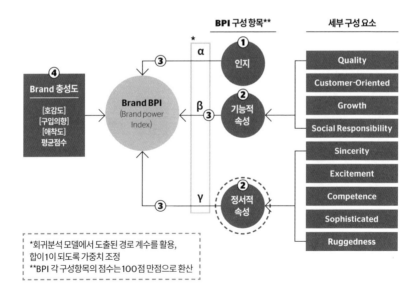

*회귀분석 모델에서 도출된 경로 계수를 활용,
합이 1이 되도록 가중치 조정
**BPI 각 구성항목의 점수는 100점 만점으로 환산

측정 방법

① 대부분의 국민은 이미 SK를 알고 있어 인지도의 측정은 변별력이 없어 친숙도'로 대체하여 평가

② 브랜드의 기능적·감성적 이미지 속성에 대한 고객조사 분석 (세부 평가 항목은 필요에 따라 조정하되 조사의 효율성을 고려하여 기능적·감성적 속성 각 측면별로 10여개 평가)

③ 회귀분석(Regression Analysis)을 통해 각 속성(이미지를 형성하는 원인으로, 독립변수에 해당)별로 가중치를 도출하여 평가에 반영

④ 브랜드 충성도는 SK 브랜드에 대한 호감도·구입 의향·애착도 평가의 평균 점수를 기초로 활용 (③의 이미지 속성별 가중치 산출을 위한 종속(결과) 변수)

*필요에 따라 경쟁 브랜드를 포함하여 조사를 시행하고 SWOT 분석이나 IPA 분석 등을 통해 전략적 시사점을 도출한다.

Nothing but Brands

용어정리

SWOT 분석(Strength·Weakness·Oppertunity·Threat)

고객조사의 분석을 통해 브랜드의 강·약점과 함께 기회·위기 요인을 파악하는 분석
방법

IPA 분석(Importance·Performance·Analysis)

고객이 중요하다고 여기는 이미지 요소에 대한 고객의 평가를 바탕으로 향후 중점 강
화하거나 자원의 재분배가 필요한 이미지 속성을 분석하는 방법. 예를 들어 고객은 "중
요하다"고 여기는 반면 평가가 약한 속성은 중점 강화하고 반대의 경우 커뮤니케이션
리소스(Resource) 투입 비중을 낮추는 등 전략적 판단을 할 수 있다.

Part 3

브랜드
이미지 구축하기

브랜드
커뮤니케이션

1
가장 효과적인
브랜딩 수단 : PR

우리가 흔히 '홍보(弘報)'라고 칭(稱)하는 PR(Public Relations)만큼 **적은 예산을 들여 효과적으로 브랜드 이미지를 형성할 수 있는 커뮤니케이션 수단**도 없을 것이다. 효율성이 높다는 점 외에도 기사를 통한 커뮤니케이션의 장점은 바로 **'신뢰성'**에 있다. "언론은 공정하고 객관적일 것"이라는 믿음이 있기 때문에 광고에서 얻지 못하는 신뢰를 기대할 수 있는 것이다.

의도했건 아니건 경영자 자신이 직접 나서 PR을 커뮤니케이션 또는 마케팅에 적극 활용한 사례를 살펴보자. 다음 두 사례는 브랜드 학계의 최고 권위자인 데이비드 아커(David A. Aaker)의 저서<브랜드 리더십>, <브랜드 경영> 등에 자세히 소개되어 있다.

음반 통신판매를 시작으로 항공사업에서 '버진 콜라'에 이르기까지 다각화된 버진(Virgin) 그룹을 일군 영국의 리처드 브랜슨(Richard Branson) 회장. 지난 2010년 '매경 지식포럼' 참석을 위해 한국을 방문하기도 했던 그는 '괴짜 억만장자'로 불리웠고 그의 일거수일투족은 수많은 미디어의 관심을 독차지하기에 충분했다. 그는 난독증이 있어 대학을 다니지도 않았으며 재무제표도 잘 읽지 못했다고 알려져 있지만 세계에서 가장 열정적이며 창의적 경영자로 평가받고 있다. 그는 1960년대 말 10대의 나이에 시작한 잡지 출판 사업을 시작으로 미디어, 유통, 항공 등 20여 개의 계열사를 지닌 버진 그룹을 일구었을 뿐만 아니라 오래전 그가 공언한 대로 버진 갤

브랜드 커뮤니케이터로서의 브랜슨

'버진 콜라' 출시 홍보를 위해 직접 탱크를 몰고 코카콜라를 무너뜨리는 장면을 연출한 리처드 브랜슨 회장.

럭틱(Virgin Galactic)을 통해 상업 우주여행 시대를 준비하고 있다.

그는 열기구를 타고 대서양을 횡단했으며 버진 항공의 신규 취항지로 향하는 기내에서 여장 차림으로 승무원 역할을 하는 등 기상천외한 이벤트들을 벌였다. 결국 사업 자체는 실패로 끝났지만 버진 콜라를 출시했을 때는 홍보를 위해 직접 탱크를 몰고 코카콜라를 무너뜨리는 장면을 연출하기도 했다. 이처럼 브랜슨은 언론이 주목할 기상천외한 아이디어를 내는데 그치지 않고 직접 주인공으로 기꺼이 나섰고 수많은 언론이 그의 퍼포먼스와 메시지에 열광했다.

그가 주인공으로 나선 일련의 이벤트들은 많은 비용을 들이지 않고도 그 자신에게는 물론 버진의 제품과 서비스에 엄청난 홍보 효과를 가져다 주기에 충분했다. 타고난 엔터테이너인지는 모르겠지만 브랜슨은 대중이 원하는 흥미('Fun')에 어필해 즐거움을 주는 것을 넘어 애정을 받는데도 성공했다. 그런데 여기에서 주목해야 할 것은 리처드 브랜슨의 이러한 행동은 그가 속한 영국 사회의 대중들이 기꺼이 받아들일 수 있는 범위 내에 있었다는 것이다. 더욱 중요한 것은 **그가 수행한 이벤트들은 '혁신', '재미'는 물론 '정의로운 도전자' 등 버진 브랜드의 핵심 가치와 맞닿아 있었으며 제품과 서비스를 통해서도 이러한 가치를 구현하고자 노력**했기 때문에 대중의 관심을 넘어 공감을 얻을 수 있었던 것이다.

SNS상에 던지는 한마디 한마디에 전세계 언론이 주목하는 등 그 자체가 엄청난 미디어 파워를 지니고 있다는 점에서 테슬라(Tesla)의 일론 머스크(Elon Musk)는 브랜슨을 연상시키기도 한다. 하지만 중요한 것은 그의 말과 행동이 테슬라가 지향하는 브랜드의 정체성과 얼마나 맞닿아 있느냐에 따라 대중의 '공감'을 얻을 수 있는지 여부가 결정될 것이며 **그렇지 않을 경우 미디어의 관심은 '양날의 검(劍)'이 될 수 있다**는 것을 기억해야 할 것이다. 그리고 이제 우리나라의 경영자들도 그동안 걸쳐온 두꺼운 '권위'의 옷을 벗고 브랜드 커뮤니케이션을 위해 고객과 소비자에게 조금 더 다가갈 때가 되었다.

더 바디샵(The Body Shop)의 창업자인 에니타 로딕(Anita Roddick). 우리 언론을 통해서도 자주 소개된 그녀 역시 **PR을 통해 '신뢰의 바디샵'이라는 브랜드 자산을 쌓을 수 있었다.** 현재 바디샵은 세계적인 브랜드로 성장했으며 이미 극심한 레드 오션이 되어버린 화장품 시장에서 여전히 신뢰의 브랜드로 평가 받고 있다. 1976년 창업 이후 보디샵의 성공에는 여러 요인이 있었겠지만 무엇보다 '자연주의'라는 핵심 가치를 구호 차원에만 이용하지 않고 회사의 넘버원 스스로가 그 가치를 구현하기 위한 노력을 아끼지 않았다는 점이다. 에니타 로딕은 세계 각지를 돌면서 찾아낸 천연 원료와 전통 제조 기법을 활용하여 화장품을 개발했고, 제품에 사용되는 원료 대

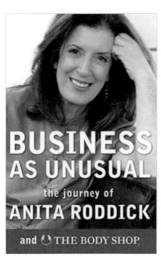

<출처:nhbs>   <출처:디자인위크>

부분은 공정무역을 통해 확보한 것으로 알려졌다. 이외에도 바디샵
은 화장품 개발을 위한 동물실험 반대 캠페인에 적극 참여했으며 에
니타 로딕은 환경 보호를 위해 메이저 석유 회사에 대항하는 행동에
적극 나서고 독성 폐기물 처리 중단 시위를 벌이기도 했다. 아름다움
을 가꾸기 위한 제품을 판매하면서도 보디샵은 여성들에게 날씬한
몸매를 강요하는 인식에 대항, '루비 캠페인(Ruby Campaign)'을
진행하는 등 차별화된 행보를 보이기도 했다.

　　이처럼 자신의 사업과는 배치될 수도 있는 그녀의 차별화된 행
보와 저술 활동은 언론을 통해 알려졌고 보디샵의 브랜드 아이덴티
티를 전달하는 훌륭한 수단이 되기에 충분했다. 보디샵은 2006년

더 바디샵의 캠페인 모델 '루비'
바비(Barbie) 인형에 빗대어 풍만하고
친근한 몸매의 '루비' 캐릭터를 모델로
날씬함을 강조하는 인식에 저항했다.
"전 세계에는 수퍼 모델과 같은 몸매를
지닌 여성 8명과 그렇지 않은 30만명의
여성이 있다"는 문구가 눈에 띈다.
<출처 : 더 바디샵 코리아>

세계적 화장품 회사인 로레알에 인수되었으나 기업 정체성을 유지
하기 위해서 독립적인 경영 체제를 유지하고 있다.

브랜슨이나 애니타 로딕 스스로가 브랜드 PR의 주체로서 직접
중요한 역할을 수행한 대목은 CEO의 개인 PI(Personal Identity)
전략 수립에 시사하는 바가 매우 크다. 기업 오너나 CEO에 대한 홍
보를 위해 PI를 기획할 때 많은 경우 개인에만 초점을 맞춘 나머지
정작 중요한 **기업의 브랜드 아이덴티티와 전략적 연계가 고려되지
못하는 경우가 대부분이다.** 특히 탁월한 '경영 능력'은 물론 '사회 기
여' 등 **거의 모든 이미지 속성 측면에서 긍정적 인식을 심으려고 하**

다 보니 정작 중요한 '차별화'에 실패하고 결국 공감은 고사하고 인지도 측면에서도 별다른 성과를 보여주지 못하는 것이다. 자원봉사 현장에서 땀흘리는 CEO의 사진처럼 그 나물의 그 밥과 같은 동정(動靜)으로는 더 이상 대중의 관심을 기대할 수 없다. PI가 브랜드 커뮤니케이션을 지원하기 위한 전략적 수단이 되기 위해서는 **경영자 스스로가 자신의 기업이 전달하고자 하는 브랜드 가치에 포커스 하고 이를 구현하는 주체가 되어야 하는 것이다.**

PI는 솔직하고 조용하게

흔히 '오너'(Owner)라고 부르는 최고경영자나 CEO를 활용한 PR은 그 효과가 크기 때문에 많은 기업들이 이들에 대한 개인 이미지 관리(PI : Personal Identity 또는 President Identity)에 공을 들이고 있다. 대부분의 경우 해당 분야에 전문성을 지닌 외부 컨설팅을 통해 진행되며 다음 몇가지 전략적 측면에 대한 검토를 거친다. 즉 △개인에 대한 이미지 현황 분석 △기업의 전략 방향 검토 △목표 이미지 도출 △커뮤니케이션 전략 수립 및 시행 △결과 점검 및 전략에의 반영 과정을 거친다. 그러나 총수 자신의 적극적 성향이나 개인기에 의한 경우를 제외하곤 성공 사례를 찾아보기 쉽지 않을 뿐 아니라 대부분의 경우 수십 페이지의 보고서만 남긴채 마무리되기

일쑤다.

　많은 경우에는 앞서 언급한 것처럼 PI의 목표 설정에서부터 그 한계가 드러나기도 한다. '경영 능력'을 비롯, '글로벌 리더', '사회적 책임' 등 서로 유사한 이미지 속성을 목표로 관련 내용을 기사화 한 다고 해서 차별화된 이미지 자산이 축적될 수 있을까? 답은 어렵게 찾지 않아도 될 것이다. 심지어 아직도 많은 오너나 CEO들이 홍보 부서에 자신에 대해 "언론에 나오지 않도록 하라"고 요구하는 경우 가 있다. 동양적 겸양의 미덕인지 언론의 불필요한 관심이 초래할 불 편함 때문인지는 모르겠지만 **회사가 지향하는 가치와 정체성을 고 객에게 지속적으로 소통하고 홍보해야 할 의무**를 게을리하고 있는 것은 분명하다고 할 수 있을 것이다.

　그렇다면 효과적인 PI는 어떻게 진행되어야 할까? 무엇보다 **PI 의 전략 목표**가 이런 저런 유사한 이미지 속성에 대한 평가를 높이는 데 있기 보다는 **해당 기업이 추구하는 브랜드 가치와 명확하게 연계 되어 있어야 한다.** 또한 경영자는 이를 적극 커뮤니케이션하는 **전달 자로서 역할**을 할 준비가 되어 있어야 한다. PI가 단순히 자신의 개 인적 이미지를 높이려는 활동이 아니라 회사의 브랜드 가치를 제고 하기 위한 일이자 임무라는 방향성에 대해 충분히 공감하고 있어야 한다는 의미이다. 다만, 회사의 브랜드 가치를 전달한다고 해서 그 가 어떤 사람인지 어떤 가치를 추구하는지 무엇을 좋아하고 싫어하는지가 무시되어서는 안된다.

또 한 가지 **좋은 PI를 위해 필요한 것은 해당 경영자가 '쓴소리'를 들을 준비가 되어 있어야 한다**는 것이다. 회사나 경영자 자신에 대한 외부의 냉정한 시각과 평가가 정확하게 전달되지 않는 환경에서는 PI가 요식 행위로 흐르는 등 그 한계가 분명할 수 밖에 없기 때문이다. 그래서 해당 경영자에게 '쓴소리'도 마다하지 않을 수 있는 멘토와 같은 존재나 속마음을 나눌 수 있는 경영진이 여론 관리를 책임지고 있는 책임자와 수시로 소통하고 세간의 정확한 여론을 전달하며 단기적인 관점은 물론 중·장기적으로 올바른 이미지 방향을 잡아주고 관리해 나가는 것이 필요하다. 그렇기 때문에 PI는 위로부터 탑-다운(Top-down) 방식으로 조용히 추진되는 것이 바람직하다. 특히 PI를 여러 관련 부서의 많은 사람들이 참여하는 프로젝트 성격으로 벌이는 것은 회사 내부는 물론 외부에 '의도적'으로 비춰질 수 있는 만큼 도움이 되지 않는다.

마지막으로 **무엇보다 중요한 것은 대외적으로 좋은 이미지를 쌓기에 앞서 내부 구성원들의 지지를 먼저 얻어야 한다는 것**이다. 구성원들이 지닌 경영자에 대한 인식과 평판은 기업의 내재적 경쟁력이라는 측면에서 중요할 뿐 아니라 그들의 한마디가 외부 공중들에게는 무엇보다 진실된 잣대로 받아들여지기 때문이다.

2
홍보에 대한 불편한 시각

아직까지도 PR 또는 홍보를 "부정적 사건이 터지면 곱지않은 시각을 지닌 언론을 상대해서 해당 기사를 막는 것"이라고 생각하는 사람이 많다. 그러나 이는 더 이상 가능한 일이 아니다. 현재 우리나라 정기간행물법에 언론으로 등록된 매체의 수는 무려 7,000여 개에 육박하고 있다. 뉴스 소비의 주요 창구로 자리 잡은 네이버 등 양대 포탈을 통해 검색되는 언론만도 무려 1,000여 개가 넘기 때문에 더 이상 **'나쁜 뉴스를 막는다'는 것은 불가능**하다. 이에 따라 부정적 사안을 다루는 경우 PR의 핵심 역할은 그 **파장을 최소화하고 실추된 이미지를 만회하는 위기관리 측면과 함께 경영활동 과정의 각종 위험(Risk) 요인에 대해 파악하고 여론의 방향을 예측하여 내부 의사 결정에 반영토록 하는 예방적 차원의 관리 활동으로 진화** 중이다. 실제 일부 기업들은 조직 내에 **레드 팀(Red Team)***과 유사한 기능을 운영히는 등 시전 대응을 통해 부징적 뉴스의 근원을 없애고자 하는 노력을 경주하고 있다.

*레드팀(Red Team)이란 조직의 전략을 점검, 보완하기 위하여 조직 내 취약점을 발견, 공격하는 가상 적의 역할을 수행하는 조직을 말한다. 조직의 의사결정 과정에서 의도적으로 반대 목소리를 내면서 선의의 비판자 역할을 맡는 악마의 대변인(Devil's Advocate)과도 유사한 개념이다. 냉전 시기에 미군이 모의 군사 훈련 과정에서 아군인 블루팀(Blue Team)의 취약점을 파악, 분석하기 위해 편성한 가상의 적군을 레드팀(Red Team)으로 지칭한 것에서 유래했다. 조직적 의사결정 과정에서 발생할 수 있는 집단 사고의 편향을 피하기 위한 효과적인 방법으로서 군대, 기업, 정부, 언론사 등 다양한 조직에서 활용된다. 레드팀의 주요 역할은 향후 발생 가능한 상황을 미리 시뮬레이션(simulations)하는 것, 경쟁사 또는 공격자 입장에서 취약점을 발견(vulnerability probes)하는 것, 다른 관점을 적용하여 새로운 통찰력을 얻기 위해 대체 분석(Alternative analysis)을 실행하는 것이다. 레드팀이 효과적으로 운영되기 위해서는 조직 내부의 논리와 경쟁사 또는 공격자에게 정통한 적절한 팀원이 배치되어야 하며, 팀의 독립성이 보장되어야 한다. 무엇보다도 종종 비판의 형태로 나타나는 레드팀의 결과물을 의사결정자가 적절히 받아들여야 레드팀의 위기 예측 및 대비 효과가 나타날 수 있다.(시사상식사전, 박문각)

PR에 대한 **고정관념 중 또 하나는 바로 "홍보는 회사의 매출과 무관하다"**는 것이다. PR이 매출에 미치는 영향을 측정하기 어렵다는 점도 영향을 미쳤을 것이다. 그러나 이제 더이상 PR이 매출 증대에 영향을 미친다는 것을 입증할 필요가 없을 정도로 기업들은 마케팅 PR(MPR)에 열을 올리고 있다. 몇 년 전에 국내의 한 제과 회사에서 출시한 '허니버터칩'이 출시 3개월 만에 100억원 이상의 매출을 올릴 만큼 뜨거운 인기를 얻었다. 그리고 그 인기의 밑바탕에는 사람들의 '입소문'과 함께 이를 대대적으로 보도한 언론이 있었다. 많은 사람들이 SNS에 올린 인증샷과 입소문은 방송에서도 크게 다뤄지는 등 사람들의 호기심을 자아내기에 충분했고 폭발적인 구매 열기는 제품의 품귀 현상으로 이어지게 되었다. 이처럼 SNS상의 '입소문'이 언론 보도를 통해 휘발성을 갖게 되면서 바이럴 마케팅(Viral Marketing)은 소셜 미디어 시대의 대세가 되었다.

SNS의 입소문과 관련 기사를 통해 품귀 현상을 빚은 허니버터칩.
<출처 : 서울신문 기사 캡처>

한동안 많은 사람들에게 회자되었던 신발 브랜드 '탐스'
(TOMS) 역시 광고 보다는 기사를 통해 널리 알려진 경우라 할 수 있
다. 2006년 미국에서 설립된 신발회사 탐스(TOMS)는 '내일의 신
발(Tomorrow's Shoes)'이라는 이름이 의미하듯 '(필요한) 아이들
에게 신발을 신겨 주자'는 미션 아래 신발 한 켤레가 팔리면 하나를
기부하는 정책을 시행했다. 이러한 TOMS의 착한 의도가 언론을 통
해 전달되면서 많은 사람들의 공감과 지지를 얻었고 7년 후인 2013
년 7월까지 TOMS가 가난한 나라의 어린이들에게 나눠준 신발은
1,000만 켤레를 넘었다고 한다. 하나가 팔리면 하나를 기부하는 프
로그램이니 세계 시장에서 1,000만 켤레의 TOMS 슈즈가 팔렸다
는 뜻이다. **'사회적 가치'(Social Value)를 담은 선의의 비지니스
모델에 수많은 언론이 보여준 적극적인 관심과 호의적 평가의 결과
라 할 수 있다.**

3
PR을 잘하려면

PR의 위력을 알면서도 왜 많은 기업들이 많은 비용이 투입되는 광고에 목을 매는 것일까? 소비자 또는 고객의 눈에 띨 수 있는 웬만한 '꺼리'(아이템)가 아니면 **미디어의 관심을 끌 수 없기 때문이다.** 특히 최근의 미디어 환경은 위에서 언급한 바와 같이 언론의 경계마저 모호해지는 등 기업의 원하는 메세지를 의도한 대로 전달하기가 더욱 어려워진 것이 사실이다. 일일이 미디어를 찾아 다니며 기사를 세일즈 한다고 해도 지면은 제한되어 있을 뿐 아니라 설령 기사화된다 해도 대중의 관심을 얻기 어렵기 때문에 차라리 돈을 들여 광고를 하는 것이 훨씬 낫다고 생각할 수 밖에 없는 것이다. 세계가 놀랄 획기적 기술을 개발했다거나 대중의 호기심을 자극하는 가십성 기사가 아닌 이상 언론의 관심을 끌기는 갈수록 어려워지고 있다. 신형 노트북 출시 홍보를 위한 보도자료에도 제품과는 직접 관련이 없는 미녀 모델들이 등장하곤 하는 이유이기도 하다. 뉴스(News)가 되기 위한 경쟁이 워낙 치열하다 보니 **뉴스 수용자의 아이 캐칭(Eye Catching)에 효과적인 이른바 '3B'(Beauty, Baby, Beast), 즉 미**

창의적인 아이디어로 언론과 대중의 관심을 끈 사례

<출처:조선닷컴>

인과 아기, 애완동물이 보도자료에 자주 등장하는 것이다. 그나마 이러한 방법도 이제는 옛날 이야기가 된 상황으로 **'창의' 또는 '아이디어'를 바탕으로 언론이 관심을 가질만한 이벤트나 스토리를 찾는 방법 밖에 없는 시대가 되었다.**

이런 측면에서 다음 기사는 시사하는 바가 크다. 이제는 사람들의 기억에서 지워졌을지 모르지만 지난 2010년 말 광화문 사거리에 위치한 이순신 장군 동상이 세척과 보수 작업을 위해 옮겨졌다. 그리고 동상이 옮겨진 직후 자리를 대신한 것은 바로 '탈의 중'이라는 가림막 구조물 이었다. 보는 순간 "이순신 장군께서 지금 탈의실에서 새로운 갑옷으로 갈아 입으시는 중"이라는 함축적 스토리가 창의적이고 재미있게 전달되기에 충분했고 수많은 언론이 기꺼이 1면을 할애했으며 이후에는 재미있는 아이디어를 호평(好評)하는 후속 기사가 이어졌다.

당초 서울시는 '탈의 중' 가림막 직후 동상 모습의 사진을 부착하려고 했으나 언론과 시민의 반응이 좋아 보수 작업을 마칠 때까지 '탈의실' 구조물을 유지했다고 한다. 신선하고 창의적인 아이디어 덕분에 서울시는 큰 홍보 효과를 거둘 수 있었다.

서울 시내 유명 호텔의 뷔페 식당에서 직원에 의해 출입을 제지당한 한복 디자이너의 이야기 역시 많은 이들의 관심을 끌었다. 해당 호텔은 (밟힐 수 있는) 한복의 특성상 안전을 고려하여 한복 착용 고객의 입장을 제한했다고 한다. 해당 호텔을 소유하고 있는 그룹 총수의 딸까지 나서 사과했던 당시 이야기는 언론에 대서특필 되었다. '최고 책임자의 직접적이고 빠른 사과'로 큰 이슈로 전개되지 않았지만 당시 누군가는 이를 마케팅 PR에 적극 활용하는 상상력과 순발력을 발휘했다. 한 한식 전문 업체가 전통 한복을 입고 오는 고객에게 특정 메뉴의 가격을 50% 깍아주거나 와인 1병을 무료로 제공하는 이벤트를 벌인 것이다. 그리고 해당 프로모션 소식은 즉각 언론에 소개되었다. 당시 사회적 파장과 프로모션이 지닌 흥행성을 고려하면 그 효과는 수십 억원 이상의 광고비와 맞먹는다고 할 수 있다.

이처럼 이제는 PR에도 흥행이 필요하고 이를 위해서는 언론이 흥미를 느낄 수 있는 스토리를 담아야 효과적 PR이 가능한 시대가 도래했다.

성공하려면 미디어의 관심을 끌 '이벤트'를 열어라

앞서 언급한 것처럼 언론의 관심을 끌기 위해서는 **단순한 뉴스가 아니라 언론이 관심을 가질만한 이야깃거리를 만들어야 하며 이를 위해서는 주목할 만한 '이벤트'를 함께 준비하는 것이 필요하다.** 세계적 마케팅 전략가인 알 리스(Al Ries) 역시 미디어의 관심을 끄는 이벤트의 중요성에 대해 언급한 바 있어 소개해 본다.

『**이벤트 사례:** 알 리스는 PR을 위한 이벤트 사례로 애틀랜타 시(市)의 '미스 아메리카'를 예로 들었다. '미스 아메리카'가 표방한 목적은

'미국에서 가장 아름다운 여성 선발'이지만 실제 목적은 애틀랜타를 PR 하기 위한 것이었다고 그는 말한다. 또한 미국 백화점 메이시(Macy's)는 지난 95년간 대규모 추수감사절 퍼레이드를 벌여왔는데, 이민자 출신 직원들이 직접 참여하는 대규모 행사를 통해 크리스마스 시즌을 앞둔 이들을 위로하는 한편 메이시가 인수한 수십여 개의 점포들을 PR하기 위한 노림수가 담겨있다는 것이다.

알 리스는 'PR 먼저, Ad 나중에'라는 개념이 오랜 세월에 걸쳐 굳

크리스마스를 상징하는 메이시 백화점의 퍼레이드

어진 관행이라고 말한다. 그리고 PR은 말보다는 이벤트와 같은 행동에 근거해야 한다고 강조한다. "PR을 하려면 가장 먼저 생각할 것이 있다. 거창하고 멋진 슬로건은 나중에 생각해도 늦지 않는다. 가장 먼저 고민해야 할 것은 '이번 PR을 위해 우리가 어떤 행동을 할 수 있는가'에 대한 답이다"라고 그는 주장한다. 각종 이벤트 등 PR을 구체화시킬 플러스 알파가 뒷받침될 때 PR은 타깃의 마음에 스며든다는 이야기다.』(출처: 중앙일보 미디어마케팅 뉴스레터)

토마스 해리스의 '이벤트' 요소 A to Z

PR이 마케팅 활동의 부수적 수단이라는 인식을 넘어 **IMC(Integrated Marketing Communication)의 가장 효율적 실행 수단이라는 「마케팅 PR(MPR)」의 개념을 정립한 미국의 토마스 해리스(Thomas L. Harris)**. 그가 제시한 'A에서 Z까지'(A to Z) 효과적이며 전략적 PR을 위한 다양한 '관심 끌 거리'를 소개한다. 다만 여기에서 중요한 것은 A에서 Z까지 이벤트 방법을 암기하는 것보다 이를 어떻게 **창의적으로 활용하여 새로운 스토리를 만들어 내는가 하는 것이다. 개인의 창의력과 함께 더 중요한 노력에 달려 있다는 의미이기도 하다.**

토마스 해리스의 이벤트 요소 A to Z

Award	Junket	Symbols
Book	Key issues	Thon(예 : read-a-thon, 독서 장려)
Contest	Luncheons	Underwriting(예 : 서명식)
Demonstration	Meetings	VNR(Video News Release)
Exhibition	Networking programs	...Weeks(예 : ...주간)
Fan clubs	Official endorsement	Xpert Columns
Grand opening	PPL	Youth programs
Hot-line	Questionnaires	Zone programs
Interviews	Road show	

A에서 Z에 이르는 카테고리 중 많은 기업들이 시행하고 있는 **Award(시상식)**을 예로 들어보자. 범위를 좁혀 한 해 동안 우리나라 기업에서만 시행되는 각종 시상식 행사가 몇개나 될까? 그리고 그 중에 언론에 의해 비중있게 다뤄지고 대중이 기억하고 있는 행사는? 언론에 조금이나마 영향력이 있는 대기업의 행사도 동정(動靜)면에 사진 기사 정도로 처리되어 일반인의 관심을 기대하기 어려운 것이 현실이다. 비용과 규모의 문제라기 보다는 차별화 포인트 및 언론의 관심을 끌 재미와 흥미 요소를 확보하는데 실패했기 때문이 아닐까? 언론을 염두에 두고 이벤트성 Award로 기획된 '이그 노벨상(賞)'의 사례를 살펴 보자.

이그 노벨상(Ig Nobel Prize)은 노벨상을 패러디해서 만들어진 상으로, '불명예스러운'이라는 뜻의 이그노블(ignoble)과 노벨(Nobel)이 합쳐져 만들어졌으며 상금도 없다. 1991년 미국의 유머 과학잡지인 <기발한 연구 연감 ; Annals of Improbable

"걸으면서 커피 쏟지 않는 법을 아십니까"

'괴짜 노벨상'으로 시작된 노벨상의 계절

노벨상 시즌이 돌아왔다. 해마다 노벨상 시즌이 오면 어김없이 열리는 행사가 있다. '괴짜 노벨상' '엽기 노벨상'이란 별칭이 더 잔숙한 이그(Ig)노벨상 시상식이다.

'있을 것 같지 않은'이란 뜻의 진짜(improbable genuine)'라는 두 영어단어의 앞글자와 노벨상을 합친 말이다. 미국의 기발한 연구연보(AIR)가 1991년부터 주는 이상은 한 해 동안 지구촌 사람들을 웃게 한, 하지만 한 번쯤은 진지하게 그 이유를 생각해볼 과학연구에 주고 있다.

지난 14일 미국 보스턴 하버드대 샌더스홀에서는 지난해 노벨 경제학상 수상자인 올리버 하트 미국 하버드대 교수를 비롯한 왕년의 노벨상 수상자 세 명과 과학계 인사들이 참석한 가운데 올해 시상식이 열렸다. 올해 10개 분야 수상자 가운데는 한국인도 당당히 이름을 올렸다. 미국 버지니아주립대 물리학과에 재학 중인 한지원 씨가 주인공이다.

올해 노벨상 발표 일정

	2일	노벨 생리의학상
	3일	노벨 물리학상
10월	4일	노벨 화학상
	6일	노벨 평화상
	9일	노벨 경제학상
미정		노벨 문학상

커피 쏟지 않는 방법 찾은 한국 유학생
한씨는 이날 컵을 쥐고 걸을 때 커피가 쏟아지는 원인을 규명한 연구로 유체역학상을 받았다. 한씨는 민족사관고등학교에 다니던 시절 '커피를 들고 뒷걸음질할 때 일어나는 현상'이란 제목의 15쪽짜리 논문을 썼다. 그는 버지니아주립대에서 물리천문학과 수학을 동시에 전공하고 있다.
한씨는 실험에서 커피가 번 정도 담긴 와인잔에 4Hz의 진동이 발생하면 잔잔한 물결이 생기다며 머그잔의 경우 액체가 밖으로 튀고 결국 쏟아진다는 사실을 확인했다. 컵을 쥐는 방법만 달리해도 커피를 쏟지 않을수 있다는 사실도 알아냈다. 컵 윗부분을 손으로 거머쥐고 걸으면 공명 진동수가 낮아져 컵 속 커피가 딜 튄다는

美서 27년째 이색 과학연구 시상
韓 유학생 '거피 쏟는 현상' 규명
"컵 윗부분 잡으면 커피 덜 튄다"
10개 분야중 유체역학상 받아

진짜 노벨상 시상은 내달 2일부터

것이다. 이 논문은 2015년 처음 국제학술지인 어치브먼트 언 라이프사이언스에 투고됐고 지난해 정식으로 게재됐다. 한씨는 "이번 연구를 통해 중요한 교훈을 배웠다"며 "연구에서 당신이 몇 살이던지, 얼마나 똑똑한지뿐 아니라 얼마나 많은 커피를 마실 수 있는지도 중요한 문제"라는 익살스런 소감을 밝혔다.
한국은 아직 과학 분야에서 노벨상

미국 버지니아주립대에 재학 중인 한지원 씨가 14일(현지시간) 미국 보스턴 하버드대 샌더스홀에서 열린 올해 이그노벨상 시상식에서 커피를 쏟지 않고 걸을 수 있는 원리를 설명하고 있다.

수상자가 없지만 이그노벨상에서는 수상자를 여럿 배출했다. 1999년 코오롱에 다니는 권혁호 씨가 '향기나는 정장'을 개발한 공로로 한국인 최초로 환경보호상을 받았다. 2000년에는 문선명 통일교 교주가 1960년 36쌍에서 시작해 1997년 3600만 쌍을 합동 결혼시킨 공로로 경제학상 수상자로 선정됐다. 2011년에는 세상의 종말이란 휴거가 온다고 주장했던 다미선교회 이장림 목사가 수학상을 받았다.

그릇에 들어가는 고양이 액체일까 고체일까
올해 이그노벨상 물리학상은 고양이가 액체인지 고체인지를 연구한 과학자에게 돌아갔다. 마르크 앙투안 파르댕 프랑스 리옹대 연구원은 고양이들이 서로 모양이 다른 용기에 몸을 넣는 모습을 분석해 고양이가 고체와 액체 성질을 모두 갖는다는 결과를 2014년 유머 블로그에 소개했다. 파르댕 연구원은 고

양이가 사탕 항아리로부터 싱크대까지 다양한 용기에 쏙 들어가 있는 터무니없는 사진에서 영감을 받았다고 설명했다. 파르댕 연구원은 후속 연구에서 물질의 유동성을 표현하는 '데버러 수'로 고양이를 나타내는 방법을 연구했다고 공개했다.
스위스 취리히대 연구진은 호주 원주민의 전통 목관악기인 디제리두를 불면 근육의 뭉침 현상이 개선되면서 수면무호흡증과 코골이 치료에 도움이 된다는 사실을 밝혀 평화상을 받았다. 영국의 지역보건의인 제임스 히스콧은 브리티시메디컬저널에 발표한 논문 '나이가 들면 귀가 길어지는 이유'로 해부학상을 받았다.
본격적인 노벨상 발표는 2주 앞으로 다가왔다. 다음달 2일 노벨 생리의학상을 시작으로 물리, 화학, 경제, 문학 등 6개 분야 수상자가 발표된다.
박근태 기자 kunta@hankyung.com

<출처: 한국경제>

Research>에 의해 시작되었고 '흉내 낼 수 없거나 흉내 내면 안되는'(that can not, or should not be reproduced) 때로는 황당한 성과에 수여한다. 시상 부문도 그때그때 다르지만 보통 노벨상의 여섯 부문(물리학·화학·의학·문학·평화·경제학)에 맞추려는 시도를 하고 있다고 한다. 매년 가을 노벨상 수상자가 발표되기 1~2주 전에 수상자를 발표하는 이 행사는 그 유명세 덕분에 진짜 노벨상 수상자들도 심사와 시상을 맡기도 한다고 한다.

무엇보다 중요한 것은 '꾀짜들의 노벨상'으로 불리는 이 행사에 미국을 비롯한 세계의 많은 언론이 열광하고 있고 기꺼이 지면을 할애하고 있다는 것이다.

'PR과 아이디어'의 측면에서 언젠가 기사로 읽은 이야기가 생각난다. 일본의 아오모리현(縣)은 사과의 산지로 유명한 곳이다. 그런데 어느 해인가 태풍이 크게 일어 사과가 익기도 전에 많이 떨어져 큰 피해를 입었다. 그런데 남아있는 사과를 비싼 가격에 팔아 손실을 최소화 할 수 있었다고 한다. 바로 **'떨어지지 않는 사과'라는 스토리였다. 태풍을 견디고 남은 사과를 포장해서 대학입시와 연결시켜 '수험생 응원용 사과'로 팔겠다는 생각**을 한 것이었다. 그리고 결국 이 스토리는 사람들에게 적극 어필하였고 일본 전역에 알려지게 되었다.

이제 PR의 영역도 크리에이티브의 영역으로 접어들고 있다고 해도 과언이 아닐 것 같다. AI가 아무리 발달해도 이는 인간이 해야 할 몫이고 이때 가장 중요한 것은 **'발상의 전환'**이다.

4
위기관리(Crisis Management)의
시작과 끝 : 언론

언론을 활용한 홍보가 브랜드 커뮤니케이션에 있어 효과적이고 확실한 수단이지만 기업에게 있어 '까칠한', 그리고 '너무 많은' 이들을 상대하는 일이 쉽지 않은 것 역시 사실이다. 특히 사건 · 사고처럼 부정적 이슈(Issue) 상황과 맞닥뜨리게 될 경우에는 더욱 그렇다. 과거에는 단순한 실수나 해프닝으로 넘어갈 수 있었던 사안도 지금의 미디어 환경에서는 위기 상황으로 전개될 수 있음을 이해하고 평상시에 위기관리 체계를 구축해 두어야 한다.

대한항공 사태(2018년 '물벼락 갑질' 파문)가 일파만으로 확산된 적이 있다. 이미 2014년 '땅콩 회항'으로 한차례 어려운 상황을 넘겼던 때라 그 여파가 총수 일가의 퇴진 요구로까지 이어지는 등 기업 평판에 막대한 피해를 남긴 위기로 확산되었다. 이처럼 기업 경영에는 크고 작은 위기 상황들이 찾아올 수 있나. 그리고 기업은 이런 상황에 적극적이고 능동적으로 대응해 나가야 한다. **위기 상황은 준비되어 있지 않은 기업에 반드시 찾아오고 준비된 기업은 이를 초기에**

극복해 낼 수 있다. 기업에게 일어날 수 있는 위기 상황의 유형은 수 없이 많겠지만 발생 원인 혹은 유형에 따라 닥칠 수 있는 상황들을 미리 예측해두고 가능한 경우 근본 원인을 제거해 두어야 한다.

발생 원인에 따라 위기는 △ 환경사고 △ 안전사고 △ 제품 결함 △ 원료 및 생산 과정의 문제 △ 기술 사고 △ 마케팅 사고 등이 있다. 또한 △ 컴퓨터 시스템 관련 사고 △ 악성루머·흑색선전 △ 신규사업 투자 실패는 물론 그 밖에도 사망·노사분규·천재지변 등 다양한 형태의 위기 상황들이 있다. 최근에는 개인 미디어의 발달에 따라 회사와는 관련 없는 임직원의 실언이나 정치적 발언, 개인적 일탈 행위 까지도 기업의 이미지에 큰 영향을 미치는 원인이 되기도 한다.

또한, 발생 유형에 따라서는 △폭발적 위기 : 화재·폭발·비행기 추락 등의 안전사고와 같이 갑자기 폭발적으로 발생하는 위기 상황) △ 즉각적 위기(단기적 관점에서 즉각적인 의사결정과 조치를 요구하는 사안 △만성적 위기 : 과거부터 꾸준히 제기되어온 상황 △잠재적 위기 : 노사분규·악성 루머 등 위기 상황으로 발전할 수 있는 위기 등으로 구분된다.

이러한 위기 상황들은 보통 발생 → 확산 → 위기 → 소멸로 진행되는데 경우에 따라서는 재발생 → 완전 소멸의 단계를 거쳐 진화하기도 한다. 따라서 **가급적 초기 단계에 사태를 진화할 수 있는 위**

기관리 대응 체계를 평상시에 구축해 놓는 것이 필요하다. 이를 위해서는 단위 사업별로 위험 요소를 점검하고 예측하는 것은 물론 **위기 관리 매뉴얼을 구비하고 평상시에 모의 훈련을 통해 상황 대응 능력을 키워나가야 한다.**

위기관리에 있어 가장 핵심 중 하나는 바로 언론 대응이다. 위기 상황은 언론의 보도에 의해 시작되거나 확산되기도 하지만 마무리도 언론에 의해 이루어지기 때문에 언론 관계는 그만큼 중요할 수밖에 없다. 그리고 이때 특히 **중요한 것은 관련 기사 자체가 아니라 그 상황에 대한 성격을 규정해 나가는 언론의 시각 즉, 논평이나 논조다. 그리고 논평이나 논조는 개인의 감정이나 시각에 따라 얼마든지 주관적일 수 있음**을 이해해야 한다. 따라서 회사에 대한 긍정적 태도를 획득하기 위해서는 **언론의 취재 활동에 최대한 협조**해야 한다. 위기 상황 하에서 언론의 취재 활동에 대해 효과적으로 대응할 수 있는 원칙들은 다음과 같다. 그러나 안타깝게도 현실에서는 정반대로 행동하는 경우가 허다하다.

- 언론이 사태를 확산시킨다는 생각을 하지 말 것
- 은폐하려 들지 말 것
- 솔직하고 침착할 것
- 촌각을 다투는 취재 환경상, 취재 속성상 빠른 응답 필요

- 확인된 사실만을 알릴 것

- 진심을 다하는 태도를 보일 것

- 잘못된 팩트(Fact) 외에 보도된 내용에 대해 평하지 말 것

- 'No comment', 'Off the record'라는 말을 쓰지 말 것

- 모든 취재진을 공평하게 대응할 것

- 관련 사진도 자체적으로 제공하는 것이 좋음

섣부른 위기관리(Crisis Management)는 화(禍)만 키운다.

모든 위기 상황에는 **공중에 대한 사과(謝過)가 따르는데 간혹 이 사과가 사태를 더욱 악화시키는 경우도 많다.** 따라서 설익은 내용으로 성급히 사과에 나서기 보다 실천 가능한 내용을 담아 진정성 있게 접근해야 한다. '땅콩 회항' 사태는 물론 기내에서 "라면이 짜다"며 승무원을 괴롭힌 모 대기업 임원의 경우와 대리점주에 대한 폭언으로 곤욕을 치르고도 지난 '21년 자사의 제품이 "코로나 19 억제 효과가 있다"는 발표로 다시 한번 창사 이래 최대의 위기를 맞이한 N사의 상황이 모두 그랬다. 이들 위기 상황에는 몇 가지 공통점이 있는데 모두 뒤따른 사과가 오히려 일을 키웠다는 것이다. 잘못된 사과의 가장 흔한 실수는 바로 **사과의 대상을 잘못 설정**한다는 것이다. 수많은 사과 성명에서 "국민 여러분께 깊이 사죄 드린다'는 표현을 공통적으로 찾아볼 수 있는데 이 경우 1차 피해자가 무시되는 경우

사과 기자회견에 대한 부정적 시각

회장 빠진 사과
9일 오전 서울 중구 중림동 브라운스톤서울에서 열린 '남양유업 대국민 사과 기자회견'에서 김웅 대표 등 임직원들이
고개를 숙여 사죄하고 있다. 그러나 남양유업 최대주주인 홍원식 회장은 이날 기자회견에 참석하지 않았다.
<출처 : 문화일보 기사 캡처>

가 많다. 앞서 언급된 P사 임원이나 N사의 경우에도 승무원과 대리
점주에 대한 진솔한 사과를 간과해서 추가적인 비난 여론을 자초했
다. **사과는 무엇보다 먼저 그 대상을 명확하게 하고 상대방이 기대하
는 수준 이상**으로 해야 한다. 또한 **조금이라도 회피하려는 태도를 보
이거나 특히, 거짓말을 담는 경우 불난 집에 기름을 붙는 결과**를 초
래하게 된다는 점을 기억해야 한다.

사과의 주체도 중요한데 가급적 최고 책임자가 직접 나서는 것
이 필요하다. 한복 디자이너 고객이 시내 호텔에서 부페 출입을 제지

당했다는 한복 디자이너의 항의 사태('PR을 잘 하려면' 파트에서 사례로 소개)의 경우 해당 호텔의 오너가 직접 사과에 나서 사태가 조기에 진화될 수 있었음은 물론 해당 오너의 평판에 좋은 영향을 미치기도 했다.

무엇보다 중요한 것은 기업에 대해 평소 지닌 평판에 따라 사과의 진정성도 평가 받을 수 밖에 없기 때문에 평상시 기업의 이미지 관리에 힘을 기울이는 것이 필수적이다.

사과 커뮤니케이션을 다룬 서적 <쿨하게 사과하라>에서는 진정한 사과의 4가지 원칙을 다음과 같이 제시하고 있다. 첫째, **진정한 사과에는 접속사가 붙지 않는다.** '하지만' '때문에' 등 불필요한 접속사는 사과가 아니라 변명으로 비춰질 수 있다. 둘째, **가정법을 쓰지 마라.** "ㅇㅇㅇ가 불쾌하게 느꼈다면(if)…"과 같은 조건부 사과는 하지 않는 것이 낫다. 셋째, **상대의 감정을 이해하고 하라.** 사과할 때는 상대의 감정에 대한 공감을 표현할 때 진정성을 인정받을 수 있다. 약속을 어기게 된 딸에게 "아빠가 약속을 못지켜 미안해"라는 말보다는 "아빠가 약속을 지키지 못해 우리 딸에게 실망을 줘서 미안해"라고 표현하는 것이 낫다는 것이다. 마지막으로 **보상 의지를 밝힌다.** 음식점에서 발견한 머리카락에 대해 "죄송하다"는 열 번의 사과보다 한 접시 '군만두 서비스'가 더욱 효과적일 수 있다는 것이다.

5
광고, '일관성'과 '효율성'의
중요성은 알고 하자

비용이 상당히 든다는 것만 뺀다면 광고만큼 제품과 서비스의
판매에 영향을 미치는 브랜드 커뮤니케이션 활동도 없다. SNS나 유
튜브(YouTube)를 활용하는 등 그 형식과 모양은 달라져도 광고라
는 영향력이 뉴 미디어 시대에도 여전히 막강한 위력을 떨치고 있는
것 역시 사실이다. 그리고 **광고에　크리에이티브 만큼 중요한 것은
바로 '일관성'과 '효율성'이다.** 비싼 비용을 치러야 하는 만큼 광고를
할 때 다음 두 가지는 꼭 고려하자.

일관성의 힘

아래 두 개의 아이보리 광고를 보면 50년이 넘는 시간적 차
이에도 불구하고 거의 차이점을 발견하기 어렵다. '순수(Pure)'라
는 브랜드 아이덴티티는 물론 첫 광고 이후 100년 되도록 유지되어
온 광고 모델 역시 이에 부합하도록 유명 모델들 보다는 아기들이

시대별 아이보리 광고

<1950년대>

<2000년대>

나 일반 여대생 등이 주로 채택되었다. 또한 광고의 표현기법 · 느낌 (Tone & Manner)도 마치 한 시대에 제작된 것 같은 느낌을 줄 정도로 일관성을 유지하고 있다. 이처럼 오랜 세월이 지나는 동안에도 변치 않고 **일관성을 지키는 광고 캠페인은 커뮤니케이션 비용을 줄여줌은 물론 소비자에게 강력한 아이덴티티를 형성**하여 감히 대적하기 어려운 효과를 발휘하게 되는 것이다.

20년 넘게 지속되고 있는 SK그룹의 OK! SK 캠페인 외에도 유한 킴벌리 역시 '우리 강산 푸르게 푸르게'라는 캠페인 광고를 오랜 시간 동안 관련 이벤트와 연계하여 일관되게 시행하고 있다. 그 결과 광고비의 점유율은 실제 크지 않지만 일관된 메시지의 전달을 통해 '환경 보호를 위해 애쓰는 대표 기업'이라는 이미지를 확고히 했으며 존경받는 기업에 대한 평가에서도 항상 상위에 랭크되고 있다.

CEO나 광고 책임자가 바뀌면 '변화 추구'라는 명분 아래 광고에 있어서도 '좀 더 새로운 것'을 요구하는 경우를 자주 보게 된다. 그 결과 그동안 유지해 온 광고의 방향이 흔들리기 일쑤다. 심지어 일부 경영진에게 있어 광고는 자신이 관여하지 않는 것이 더 나을 것이라는 생각에 방치되거나 "화제(話題)가 됐다"는 성과를 위해 '재미' 또는 '흥미' 위주로 흐르게 되는 경우도 있다. 심지어 윗선의 개인적 '취향'에 맞춰 제작되는 경우도 있는데 일단 **전략 방향이 정해지고 이를**

'우리강산 푸르게 푸르게' 캠페인

변경해야 할 상황이 아닌 이상 비용 측면의 효율성을 위해서도 '일관성'은 유지되어야 한다.

효율성을 명심하라

몇 해 전 모(某) 지역 영농조합에서 자신들이 생산 중인 과일들을 하나의 브랜드로 통합하고 이를 알리기 위한 광고를 제작했던 적이 있었다. 당시 나는 외부 전문가 자격으로 해당 광고 제작을 위한 회의에 참석하게 되었고 "이제 우리 농업 분야에서도 브랜드가 중요하게 인식되고 있구나" 하는 반가운 마음이었다. 굳이 어떤 브랜드였는지 언급하지 않겠지만 브랜드 네이밍은 물론 로고와 슬로건 개발 등 상당히 디테일한 요소까지 준비되어 있었다. 메인 타깃을 주부로 설정하여 준비된 광고는 브랜드를 고지하는 내용으로, 씨엠송까지 준비되어 있었다. 당시 회의 참석자들은 주로 광고에 대한 개인적인 느낌과 보완해야 할 점에 대해 토론을 벌였다. 그러나 광고 내용 보다 내가 먼저 알고 싶었던 것은 집행할 광고비의 규모였다. 그런데 당시 예산으로 계획했던 금액은 지극히 제한적 노출만이 가능한 적은 규모였다. 그리고 당시 나는 "광고는 과감히 포기하고 PR을 활용하는 것이 어떻겠냐"는 의견을 제시했다. **해당 지역은 물론 그곳에서 생산되는 과일의 우수성을 알릴 수 있는 스토리와 함께 관련 행사를 개최**

하고 이를 적극 홍보하는 것이 더 효과적일 것이라는 판단이었다.

　　광고에 있어 **효율성은 한마디로 일정 수준의 규모가 되지 않는다면 광고를 할 필요가 말과 같다.** 광고는 시청률 또는 노출도를 (심지어 실시간으로) 측정·파악하는 것이 가능한 것은 물론 사전에 어느 정도의 비용 투입으로 얼마 만큼의 인지 효과를 기대할 수 있는지 예측이 가능하다. 예를 들어 Reach 1+50% (광고를 한번 접한 사람이 50%라는 의미) 처럼 노출 정도를 사전에 예측하고 이를 기준으로 집행 계획을 수립하는 것이 일반적이다. 그런데 문제는 TV 광고의 경우 최소 수준의 인지도를 확보하기 위해서도 수십억 이상의 예산이 필요하며 일정 수준의 인지도가 형성되어 있는 경우에도 이를 유지하기 위해서는 지속적인 집행이 필요하기 때문에 수 억 원 정도를, 그마저 일회성으로 집행해서는 실질적 효과를 기대하는 것은 불가능한 것이 현실이다.

　　아래 '광고비 투입과 매출액 증가의 관계'의 S-커브(Curve)에서도 볼 수 있듯이 일정 수준 이하의 광고비로는 매출 증가는 물론 광고 인지 측면에서 효과를 기대할 수 없다. 그러나 반대로 **어느 정도 인지 수준을 넘어가면 비용을 더 투입해도 매출에는 더 이상 영향을 주지 못한다**는 것도 알 수 있다. '광고비 투입 목표 달성을 위한 적정 수준의 비용 집행'이라는 효율성의 원칙이 광고 시행에 있어서는

The "s"-Shaped Curve

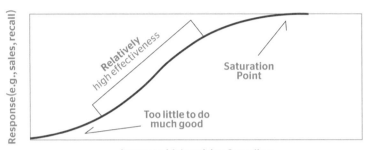

<출처 : usc Marshall Buad307>

반드시 고려되어야 하는 이유다. 비용 문제로 적정 수준의 예산을 확보하기 어렵다면 광고는 과감히 포기하고 PR로 승부를 보도록 하자.

불황기는 광고의 기회

2022년 여름을 지나면서 미국을 비롯한 각국이 인플레이션 대응을 위한 긴축에 나서고 러시아의 우크라이나 침공 여파 등으로 지난 2008년 금융 위기 만큼이나 어려운 상황이 닥칠 것이라는 위기의식이 넘쳐나고 있다. 이처럼 경영 환경이 어려워지면 우선 광고비부터 축소 · 삭감되는 것이 일반적이다. 즉시 시행 가능한 손쉬운 방법일 수 있고 매출에의 영향도 바로 눈에 띄지 않기 때문에 이해가

간다. 그러나 불황일수록, 따라서 남들이 광고비 투자에 인색할수록 광고에 대한 투자는 상대적으로 큰 효과를 볼 수 있다. 1980년과 81년 미국 불황기에 광고비를 삭감한 기업은 이후 5년간 약 19% 성장에 그쳤지만 광고비를 유지한 기업은 약 275% 성장했다는 미국 스텐퍼드 대학의 연구 결과가 아니더라도 우리 기업의 사례에서도 불황기에 광고비를 유지하거나 오히려 늘려 브랜드 인지도 및 선호도를 제고하고 결과적으로 시장 점유율을 높인 기업들을 볼 수 있다.

미국에서도 80년대 중반 극심한 불황이 시작되자 미국 내 2위 규모의 유통 회사 K마트는 광고비를 반액 삭감하고 가격 인하 정책에 활용하는 정책을 폈다. 그러나 매출은 늘지 않았고 브랜드 인지도 역시 동반 추락했다. 그러나 월마트는 당시 상황을 오히려 성장의 기회로 판단하고 적극적인 광고 공세를 펼쳐 확고한 1위 자리를 유지했다. 월마트는 이후 다시 불황의 조짐이 엿보이던 2007년에는 '절약하며 더 잘 사세요'라는 캠페인을 대대적으로 전개하기도 했다.

우리나라에서도 구제금융을 극복한 직후 BC카드가 국민에게 힘을 준다는 취지로 "여러분, 부자 되세요" 광고 캠페인을 대대적으로 전개했다. 당시 이 캠페인은 큰 화제를 불러일으키며 국민적 공감대를 형성하는 등 성과를 거두었다. 그 외에도 쿠쿠, 홈시스 등 중견 기업들이 **불황기에 광고에 대한 투자를 감행하였고 굳건한 브랜드**

BC 카드와 유력지의 중소기업 광고

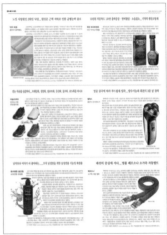

<출처 : 네이버 사진 캡처>

**인지도를 구축할 수 있었다. 이렇듯 불황기 광고에 대한 적극적인
투자는 위기를 기회로 만드는 전략적 선택이 될 수 있는 것이다.**

금융 위기 당시 많은 국내 기업들이 광고비를 축소하는 등 허
리띠를 졸라맸을 당시 한국방송광고공사(KOBACO)는 '경제 활성
화와 광고의 역할'을 주제로 세미나를 개최하고 불황기에는 (경쟁사
들이 광고비를 줄이기 때문에) 같은 비용으로도 높은 광고 점유율을
기대할 수 있는 등 비교우위에 설 수 있는 기회이기 때문에 "불황기
일수록 광고하라"고 조언했다. 불황기의 광고 투자는 단가 적용 등
에 있어서 '협상력'을 기대할 수 있기 때문에 같은 비용이라도 더 큰

노출 효과를 기대할 수 있다. 광고도 투자의 개념으로 접근한다면 불황기일수록 공격적인 투자를 통해 평상시에는 기대하기 어려운 성과를 올릴 수 있는 것이다. 특히 광고의 인지(認知) 효과는 어느 정도 시간이 흐르면서 나타나는 이른바 메시지 '이월효과'(移越效果) 때문에 적합한 시기가 왔다고 생각하는 순간 이미 늦었다는 것도 함께 깨닫게 될 것이라는 것도 기억해야 할 것이다.

실제로 지난 몇 년 사이 온라인 언론이 대거 등장하면서 광고 구매에 있어 구매자가 가격 협상의 키를 쥐는 상황이 벌어지고 있다. **부자 기업이 아니어도 불황기에는 과감한 투자를 통해 성장의 기회를 모색할 수 있는 것**이다. 이를 반영하듯 최근 들어 유력지(有力紙)에도 과거에는 볼 수 없었던 중소 기업의 광고가 대거 등장하고 있음을 볼 수 있다.

전통 먹거리에 브랜드를 입히다 : '명인명촌'의 사례

앞서 이야기한 지역 영농 조합의 브랜딩 노력 사례처럼 우리 나라 농수축산업 분야에서 세계에 내놓을 만한 강력한 브랜드를 만들어 내는 일은 지역 활성화 및 국가 경쟁력 제고 차원에서 매우 중요한 과제라 할 수 있다. 하지만 정부의 지원 하에 각 지역 및 지자체

명인명촌 브랜드 로고

<출처:명인명촌>

에서 많은 노력을 해왔음에도 불구하고, 성공적인 브랜딩 사례를 찾아보는 것은 쉽지 않은 것이 현실이다. 이처럼 어려운 현실에서 지난 10년간 성공적인 브랜드로 자리 잡기 위한 노력을 계속하고 있는 '명인명촌(名人名村)'은 흥미로운 사례라 할 수 있어 소개해 본다.

'이야기가 있는 숨겨진 보물'을 브랜드 콘셉트로 설정한 '명인명촌' 브랜드의 가장 큰 가치는 콘셉트와 광고만이 아닌 실체에 기반한 브랜딩을 진행해 왔다는 점이다. 지난 10여 년의 세월 동안 전국 곳곳에서 각자의 길을 걷고 있던 전통식품 장인들과 제품을 발굴하고 그들의 삶과 제품에 담긴 철학과 진정성을 디자인과 스토리텔링을 통해 하나의 통합 프리미엄 브랜드인 '명인명촌'으로 승화시킨 것이다. 어찌 보면 최근 주목을 받고 있는 '진정성 마케팅'의 좋은 사례로 볼 수도 있다.

'명인명촌'은 고객과의 커뮤니케이션을 위해 디자인과 스토리텔링에 특히 많은 노력을 기울여 왔다. 그 결과, 2018년 '디자인 경영 대통령 표창'을 수상했으며 스위스의 유명 디자이너인 이리 오플라텍(Jiri Oplatek)과 공동으로 작업한 포스터는 '2018 100개의 유럽 베스트 포스터'로 선정되기도 했다. 또한 '명인명촌' 식재료의 맛을 디자이너의 감각으로 형상화한 책, 'The shape of taste(맛의 형태)'를 스위스에서 출간하기도 하는 등 브랜드에 스토리를 입히기 위한 노력을 국내는 물론 해외에서도 꾸준히 전개해 오고 있다.

'명인명촌'은 앞으로 식재료 중심의 제품 포트폴리오에서 브랜드가 지향하는 가치를 경험할 수 있는 신개념의 브랜드 체험 공간으로의 확장을 계획하고 있다고 한다. 이를 바탕으로 '명인명촌'만의 라이프스타일을 소비자에게 제안한다는 계획으로, 이제 우리의 '옛 것'에도 새로움을 입히고 세계를 지향해야 한다는 점에서 이후 전개될 브랜딩 스토리에 대한 기대감을 높이고 있다.

명인명촌 매장
<출처:명인명촌>

6
캠페인 광고의 효과
OK! SK 캠페인

비록 많은 비용이 소요되지만 광고는 가장 확실하게 브랜드에 대한 인지도는 물론 특정 이미지를 형성하게 하는 수단이라는 점은 부인할 수 없다. SK는 1998년 선경에서 SK로 사명을 변경하면서부터 '행복'이라는 컨셉트로 오랜 시간 **일관된 브랜드 캠페인**을 진행해오고 있다. 이 캠페인은 오랜 시간 동안 단계적으로 진화를 거듭하면서 '행복'이라는 브랜드 가치를 어떤 메시지로 커뮤니케이션 했는지 살펴볼 수 있는 사례라 할 수 있다. 또한 그룹 차원의 브랜드 광고로서 광고가 단순히 상업적인 수단만이 아니라 사람들에게 힘이 되어주고 웃음과 행복을 찾게 하는 기능도 할 수 있다는 것을 보여주면서 호평을 받았다.

'OK! SK' 캠페인은 크게 세 단계를 거쳐 진화되었다. 그 첫 번째 단계는 **'고객이 행복할 때까지 OK! SK'** 슬로건 도입을 통해 **변경된 브랜드를 효과적으로 고지하고 SK 브랜드에 대한 친숙도를 제고하는 단계**로, 1998년 부터 2002년 까지 진행되었다. 당시 캠페인은

다른 어떤 광고보다 심플하고 명료하게 변경된 브랜드명(名)과 SK
그룹의 고객 행복에 대한 의지를 전달하는데 중점을 뒀다. 유명 모델
없이 일반인을 주인공으로 삼고 오직 '고객 행복'이라는 명확한 지향
점만을 강조했다.

　　SK는 2005년 그룹의 로고를 포함, CI(Corporate Identity)
체계의 전면 교체를 단행했다. 특히 '행복'을 SK 브랜드의 핵심 가
치(에센스)로 확정하고 이를 구체화 하기 위한 하위 아이덴티티 요
소를 도출한 것은 물론 브랜드의 약속을 시각적으로 상징화하기 위
한 로고(Logo) 'SK 행복 날개'를 정립했다. '행복 날개'는 SK 브랜드

OK!SK캠페인 : 1단계

1998년 '고객이 OK할 때까지' 캠페인　　　2002년 '고객이 행복할 때까지' 캠페인

<출처 : 광고정보센터 매거진>

OK! SK 캠페인 : 2단계

2004년 '당신을 만나서 좋았습니다' 캠페인　　　2006년 '행복은 쉽다' 캠페인

2006년 'CI변경 행복날개' 캠페인　　　2006년 '행복은 쉽다' 캠페인

의 인지와 선호를 높이는 비주얼 요소로서의 기본 역할 외에도 OK! SK 캠페인이 시각적으로 차별적인 톤 앤 매너(Tone & Manner)를 갖도록 하는 데에도 큰 힘이 되었다. '행복 날개' 로고에 따뜻한 색감(Red & Orange)이 CI 컬러로 지정되면서 SK만의 아이덴티티를 만들 수 있었다.

　　이후 SK는 '행복'이라는 브랜드 가치를 본격적으로 확산할 필

OK!SK캠페인 : 3단계

2009년 '당신이 행복입니다-어머니' 편   2009년 '당신이 행복입니다-아버지' 편

요가 있다는 인식에 따라 행복의 대상인 고객을 소비자로 한정짓는
것이 아니라 **사회와 국가로 확대하면서 기업의 사회적 책임을 강조**
했다. 그리고 이후에는 브랜드 에센스인 '행복'에 대한 자산을 공고
히 하기 위해 행복에 대한 다양한 시각을 전달하여 브랜드에 대한
'정감성'을 키워 나갔다. 이를 위해 행복에 대한 새로운 시각을 메시
지로 전달하기 시작했다. 이를 위해 '행복은 환경이나 조건에 의해
만들어지는 것이 아니라 지금 우리의 삶 바로 곁에 함께 한다'는 포
인트를 다양한 메시지로 전달했다. "슬럼프는 행복입니다", "헤어짐
은 행복입니다", "힘든 오늘은 행복입니다" 등의 카피(Copy)로 행
복에 대한 정의를 역설적으로 커뮤니케이션하는 등 행복에 대한 의
미를 재해석했다. 그 결과 '행복'에 대한 새로운 시각은 소비자들에
게 강한 공감대를 형성했고 캠페인이 지닌 따뜻한 감성은 SK 그룹과

Nothing but Brands

행복에 대한 연계를 더욱 강력하게 만들어줬다.

OK! SK 캠페인은 기업의 사회적 역할이 강조되던 당시 **잔잔
하지만 힘이 되는 '희망'의 메시지를 커뮤니케이션 했다는 평가**를
받았고 그 결과, 기업 광고로는 최초로 '따듯한 말, 힘 있는 말'이라는
제목으로 중학교 국어 교과서에 소개되기도 했다.

'따뜻한 말, 힘있는 말'의 '광고로 말해요' 편

<중학교 1학년 2학기용 국어 교과서 3단원>

OK! SK - 당신이 행복입니다. (어머니)

재춘이 엄마가 이 바닷가에 조개구이 집을 낼 때
생각이 모자라서, 그보다 더 멋진 이름이 없어서
그냥 "재춘이네"라는 간판을 단 것은 아니다.
(선희네 맞춤 수선, 봉숙이네 마트, 연수네 약국...)
자식의 이름으로 사는게
그게 엄마 행복인 거다.
어머니, 당신이 행복입니다.

OK! SK

OK! SK - 당신이 행복입니다. (남편)

시댁에 가면 어머니편
모임에선 친구편
야단칠 땐 애들편
늘 남의편만 들어서 '남편'이라 부르나 봅니다.

(어제 김서방 다녀갔다~)
하지만 마음만은 늘 내편인 사람
당신이 행복입니다.

OK! SK

OK!SK 캠페인 광고

OK! Tomorrow

실패는 행복입니다
그것을 극복할 수 있는 지혜를 가르쳐 주기 때문입니다
헤어짐은 행복입니다
사랑의 진정한 의미를 비로소 깨닫게 되기 때문입니다
이유를 알 수 없는 슬럼프는 행복입니다
천천히 스스로를 생각할 수 있는 기회를 주기 때문입니다
힘든 오늘은 행복입니다
행복한 내일이 여기서 시작되기 때문입니다

우리는 더 행복해질 것입니다

OK! Tomorrow *OK!* SK

SK

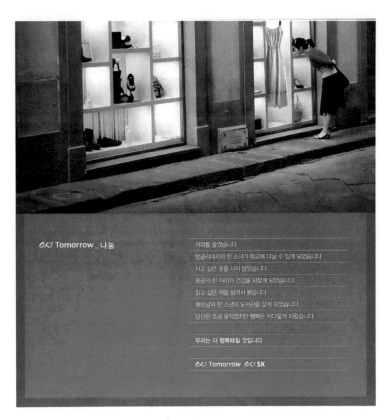

OK! Tomorrow _ 나눔

커피를 줄였습니다
방글라데시의 한 소녀가 학교에 다닐 수 있게 되었습니다
사고 싶은 옷을 사지 않았습니다
몽골의 한 아이가 건강을 되찾게 되었습니다
읽고 싶은 책을 빌려서 봤습니다
베트남의 한 소년이 도서관을 갖게 되었습니다
당신은 조금 움직였지만 행복은 커다랗게 자랐습니다

우리는 더 행복해질 것입니다

OK! Tomorrow OK! SK

SK

7
PR의 새로운 트렌드 세터(Trend Setter) 소셜 미디어(Social Media)

소셜 미디어(Social Media)에 대한 기업들의 관심이 뜨겁다. 인스타그램(Instagram), 트위터(Twitter), 페이스북(Facebook) 등을 마케팅은 물론 브랜드 커뮤니케이션에 적극 활용하지 못하면 시대에 뒤쳐진 듯한 인상을 준지도 오래기 때문에 많은 기업에서 앞다퉈 관련 전략을 수립하느라 부산하다. 세계적 PR 회사인 버슨마스텔러(Burson-Marsteller)는 세계 100대 기업의 소셜 미디어 활용률이 79%에 이른다는 조사 결과를 발표하기도 했다. 또한 펩시콜라를 비롯한 유명 글로벌 기업들이 수십년간 광고를 내보냈던 '슈퍼볼' 경기의 광고를 버리고 SNS(Social Networking Service)의 대표 주자인 페이스북에 광고를 집행하기도 했다. 140자의 마법으로 불리는 트위터 역시 소셜 미디어의 한 축을 이룬지 오래다. 언론은 이를 두고 광고의 축이 온라인으로 넘어가는 중요한 사건이라고 평가하기도 했다.

그러나 한편으로는 개별 소비자 한 명 한 명의 브랜드에 대한 부정적 경험과 각종 악성 루머들이 소셜 미디어를 매개로 전파되면서 급격한 파괴력을 지닐 수도 있게 됨에 따라 각 기업은 이에 대응하기 위한 준비도 갖추어야 한다. 소셜 미디어를 활용하거나 이에 대응할 때 고려해야 할 점들에 대해 살펴보자.

먼저 기업 이미지 커뮤니케이션보다는 마케팅 위주로 활용하자. 트위터, 블로그, 페이스북 등 SNS는 잘 활용하면 기업의 마케팅 담당자들이 공짜로 소비자 정보를 실시간 얻을 수 있을 뿐 아니라 기대하지 못한 마케팅 차원의 효과를 거둘 수 있다. 이때 경쟁자를 고려하는 것도 효과적일 수 있다. 자사의 제품을 홍보하면서 **경쟁사 제품을 함께 언급함으로써 노출과 검색 빈도를 높일 수도 있기 때문이다.** 스마트폰이 출시될 때 이를 보관하는 케이스나 이어폰 등 **부속 제품이 화제가 되면서 제품의 인지도를 끌어 올리는 경우**도 있다. **유명인들의 트위터 활동을 관찰**하다 보면 특정 제품과 서비스를 언급하는 경우가 종종 있다. 이는 사람들로 하여금 진정성을 전제로 생각하기 때문에 엄청난 파괴력을 만들어 낼 수 있는 것이다. 물론 반대의 경우 역풍도 고려해야 함은 물론이다.

이렇게 SNS를 활용한 커뮤니케이션은 기업에게 적은 비용으로 생각지 못한 마케팅 효과를 가져다 줄 수 있지만 **반대로 경영에 치명적인 영향을 줄 수도 있는 만큼 주의가 필요하다.** 특히 전략적 목표 없이 남들도 다 하는데 우리는 뒤쳐진 것 아니냐는 식으로 SNS를 활용하다가는 오히려 사고를 칠 가능성이 더욱 크다는 점을 명심

SNS와 마케팅

정용진 부회장의 부캐 'J릴라'와 신세계 푸드의 베이커리 브랜드 유니버스 바이 제이릴라.
<출처: 인스타그램, 네이버 사진 캡처>

해야 한다.

    정용진 신세계 부회장과 테슬라(Tesla)의 일론 머스크(Elon Musk)는 자신들이 SNS에 올리는 사진 한장, 한줄 메세지로 세간의 주목을 끌고 있는 경영인으로 유명하다. 정부회장은 페이스북과 인스타그램을 통해 이마트를 비롯해 자사의 다양한 제품 홍보는 물론 가족의 일상까지 거침없이 공개하면서 2022년 현재 77만여 명이 넘는 팔로워(Follower) 수를 보유하고 있다. 자신을 드러내기 꺼려하는 우리나라의 다른 총수들과는 달리 그는 이미 지난 2010년 트위터를 시작으로 2012년 인스타그램 등 SNS 활동을 시작하면서 우리 언론의 표현대로 그야말로 '소통 경영' 행보를 적극 이어가고 있다. 그는 SNS에 자신의 부캐(부가적인 캐릭터) 격인 'J릴라'(영문 J와 고릴라의 릴라를 합성)가 "못생겼고 짜증나는 X끼"라며 유머 섞인 불평을 올려 공중들에게 큰 관심과 재미를 주기도 했는데, 다분히 전략적인 의도가 담겨있었던 것으로 보인다. J릴라는 이마트가 MZ 세대에 어필하기 위해 만든 마케팅 캐릭터로, 이제는 그의 분신과도 같은 역할을 하고 있다. 이처럼 그는 SNS 활동을 통해 이마트 홍보는 물론 스타벅스 코리아, 스타필드, 심지어 SSG 야구단 등 회사의 마케팅 활동을 적극 홍보하고 있다.

브랜드 아이덴터티를 직접 구현한다는 차원에서 어쩌면 일론 머스크는 앞서 기술한 버진 그룹의 리차드 브랜슨을 닮아 있는 측면이 있어 보인다. 그는 '혁신과 재미'의 아이콘으로서 많은 사람들의 예상을 깨고 전기 자동차는 물론 우주개발 사업에 이르기까지 성공 신화를 만들어가고 있으며 그 스스로 혁신의 가치를 알리기 위해 적극 나서고 있다. 그러나 리차드 브랜슨이 공감을 넘어 존경의 대상으로 평가받는 반면 일론 머스크는 정제되지 않은 언행으로 수많은 비난을 자초하고 있으며 심지어 기업가치의 훼손으로 이어질 수 있다는 우려를 낳고 있기도 하다. 그리고 이러한 논란과 리스크의 시발점은 바로 SNS 였는데 중국 공산당에 대한 (아부성) 발언을 비롯해 본인이 사들인 코인에 대한 부적절한 코멘트를 비롯해 수많은 논란을 자초했다. 일부 테슬라의 투자자들은 머스크의 이런 돌발행동이 주가에도 부정적인 영향을 미칠 것을 우려하고 있으며 일각에서는 그를 트위터 상의 터무니 없는 쇼맨(Show man) 정도로 평가절하 하고 있기도 하다.

신세계 정용진 부회장 역시 한때 인스타그램에 "멸공", "공산당이 싫다"는 메세지를 올려 수많은 논란을 자초하기도 했다. 물론 내용을 살펴보면 즉흥적이고 돌발적인 상황에서 나온 글이었지만 정치적인 확대 해석이 이어졌고 일각에서는 신세계, 이마트 불매 운동을 하자는 주장까지 일기도 했다.

이처럼 최고 경영자까지 나서 SNS를 활용하여 자사의 제품과 서비스에 대해 직접 홍보하는 것이 마케팅 측면의 효과는 물론 기업의 신뢰를 제고하는 데에도 도움이 될 수 있으나 지나치게 개인적 일상을 공유하거나 경영 현안에 대해 직접 언급하는 것은 단기적인 효과는 몰라도 기업 조직 차원에서 바람직하지 않다. 왜냐하면 최고 경영자가 한 말은 어찌 되었건 여러 변수 속에서도 조직 차원에서 지켜져야 하기 때문이다. 특히 미디어의 속성상 백 번을 잘해도 **한번 실수가 돌이킬 수 없는 화(禍)가 되어 돌아올 가능성도 배제할 수 없기**

일론 머스크와 구설(口舌)

The JoongAng

머스크 SNL 출연한 날, 도지코인은 곤두박질

방송 50분 동안 가격하락은 30%
트윗으로 급등시킨 것과 대조적

암호화폐 도지코인의 '아버지'를 자처했던 일론 머스크 테슬라 최고경영자(CEO)가 체면을 구겼다. 머스크는 8일(현지시간) 미국 예능 프로그램 새터데이나이트라이브(SNL)에 출연했다. 암호화폐 투자자들은 이날 머스크의 방송 출연을 예의주시했다. 하지만 방송 도중 도지코인의 가격은 곤두박질했다. 그동안 머스크가 트위터 등에서 도지코인을 언급하면 가격이 급등했던 것과 정반대 현상이 벌어졌다.

암호화폐 시세 전문 사이트 코인마켓캡에 따르면 머스크가 출연한 방송이 시작한 9일 낮 12시 30분쯤(한국시간) 도지코인 가격은 0.697달러였다가 이날 오후 1시 19분쯤에 0.49달러까지 내렸다. 약 50분 동안 가격 하락률은 29.5%였다. 이

후 도지코인 가격은 소폭 반등했으나 이날 오후 4시께는 0.530달러에서 거래됐다.
지난해 말 이후 머스크는 도지코인 가격을 대폭 끌어올렸다. 지난해 12월 초 0.003달러였던 도지코인은 지난 8일 역대 최고가인 0.717달러까지 기록했다. 약 5개월 동안 2만3800% 증가했다. 같은 기간 미국 뉴욕 증시의 S&P500 지수가 19% 상승한 것과 대조적이다. 암호화폐 시가총액이 19위인 비트코인(28%)과 2위인 에더리움(68%)도 가격 상승폭은 도지코인에 미치지 못했다.

도지코인의 시가총액은 한때 850억 달러를 넘어섰다. 암호화폐 중 네 번째로 많다. 미국 투자전문매체 마켓인사이더는 "도지코인의 시가총액은 미국 최대 자동차업체 제너럴모터스(GM), 일본 게임업체 닌텐도, 온라인 화상회의 업체 줌 등을 제쳤다"고 보도했다.

8일(현지시간) 미국 예능프로그램 새터데이나이트라이브(SNL)에 출연한 일론 머스크 테슬라 최고경영자(CEO)의 모습. [SNL 트위터 캡처]

윤상언 기자 youn.sangun@joongang.co.kr

<출처: 중앙일보 기사 캡처>

때문에 더욱 주의가 필요한 것이다.

'부메랑'도 고려할 필요가 있다

나쁜 이야기는 무조건 막고 보자는 생각으로는 SNS를 제대로 관리하기 어렵다. 과거 한 식품 회사는 특정 블로거가 제품의 위생 상태에 대한 문제를 제기하자 포털 및 SNS 회사에 누리꾼들이 자발적으로 퍼나른 내용들까지 내려줄 것을 요구했다. 이에 누리꾼들은 '블로거를 무시하는 회사'라는 낙인을 찍게 되었고 이 회사와 관련된 다른 문제들까지 공격의 대상으로 삼아 회사와 감정싸움을 벌였다.

Nothing but Brands

이러한 과정에서 특히 주의해야 할 것은 내부는 물론이고 외부의 소위 '댓글 부대' 등을 활용하여 **인위적으로 여론을 조작하려는 시도를 하지 말아야 한다는 것이다.** 과거와 달리 이는 결국 엄청난 부메랑으로 돌아올 가능성이 크기 때문이다. SNS를 통해 고객과 직접 소통할 수 있게 되었으나 그 환경은 과거와 많이 다르고 폐해 역시 무시할 수 없는 만큼 선무당이 사람 잡지 않도록 하기 위해서는 소통의 목적을 명확히 하고 이를 전략적으로 활용할 수 있는 능력을 갖춰야 한다.

삼성경제연구소 웹사이트(SERI)에서는 다음 세 가지를 신경 쓰면 관련된 위기를 예방하거나 피해를 줄일 수 있다고 소개했다.

첫째, '문제 발생 시 신속하고 정확하게 대응하라'는 것이다. 문제를 숨기거나 머뭇거리면 더 큰 의혹을 낳을 수 있고, 대응이 지연되면 피해는 기하급수적으로 늘어나기 때문이다. 지금과 같은 미디어 환경에서는 개인 한명 한명 자체가 미디어 역할을 할 수 있어 일개 개인적 불평 불만이라고 치부한 사안에 늦장 대응하다 값비싼 댓가를 치러야 할 수도 있다. 심지어 잘못된 내용이나 루머에도 즉각적이고 신속하게 대응해야 한다. 대수롭지 않다고 생각한 네티즌 한명의 글도 급속히 확산되면서 주류 언론의 확대 재상산의 대상이 된어버린 시대가 도래한 것이다.

둘째, '직원의 블로그에 대한 어설픈 감시 통제나 네티즌의 글을

일방적으로 삭제하는 것은 금물'이라는 점이다. 블로그 내용을 과도하게 감시할 경우 자연스러운 커뮤니케이션이 위축되고 고객 불신을 초래할 수 있기 때문이다. 블로그에 고객의 불만이 쏟아진다고 해서 의견을 삭제하거나 게시판을 폐쇄하는 식의 조치는 더 큰 문제를 유발할 수 있다는 점을 명심해야 한다. 델타항공의 한 여승무원은 유니폼을 입고 도발적인 포즈로 찍은 사진들을 블로그에 올렸다가 회사로부터 해고를 당했다. 여기에 불만을 품고 여승무원은 블로그 제목을 '해고된 승무원의 일기'로 바꾼 후 법정 투쟁기를 연재해 델타항공의 이미지에 좋지 못한 영향을 주었다.

　　셋째, **'블로그의 내용을 인위적으로 조작하거나 거짓 정보를 제공하지 말라'**는 것. 온라인 마케팅을 위해 블로거를 매수하거나 인위적으로 내용을 조작하는 등 부도덕하거나, 비윤리적인 활동은 브랜드 자산에 심각한 오점을 남길 수 있다. 맥도널드는 마케팅 부서가 개인 블로그임을 위장하여 만든 거짓 블로그 때문에 지탄의 대상이 되기도 했다. 'The Lincoln Fry Blog'라는 이름의 블로그는 링컨 대통령과 닮은 프렌치 프라이를 발견했다는 내용을 게재하고, 심지어 수백 통의 가짜 코멘트까지 달렸지만 뒤늦게 맥도널드의 마케팅 블로그라는 사실이 드러나 논란이 되기도 했다.

　　기업의 보고나 결재 과정에 시간이 걸린다는 점을 고려하면 이 중 특히 중요한 요소가 **'즉각 대응하라'**가 아닐까 생각한다. 몇 년 전

고객님
죄송합니다.

지난 12월 16일 저녁 본사 가족점과 관련해 문의 주신
고객님의 글을 17일 오전 확인하였습니다.

이에 즉시 본사 담당자가 해당 가맹점에서의 경위를 파악하고
금일 1차 서비스 교육 및 경고 조치를 진행했습니다.

그리고 이 모든 일들은 가족점 관리에 소홀하였던
본사에 책임이 있다는 것을 통감하고
고객님들께 깊은 사과를 드립니다.

아울러 (주)죠스푸드의 대표이사 및 임직원 일동은
피해 고객님께 다시 한번 사과의 말씀을 전하며,
한 가족점 뿐만 아니라 전국 270개 죠스떡볶이 가족점에 대한
공식적인 서비스 점검과 함께 재발 방지를 약속 드립니다.

(주)죠스푸드 가족 일동

떡볶이 프랜차이즈 '죠스 떡볶이'가 불친절한 가맹점 직원의 서비스
에 대한 소비자 불만에 곧바로 공식 대응, 잠재 위기를 즉시 진화한
적이 있었다. 한 네티즌이 자신의 페이스북에 "외국인 손님과 함께
죠스 떡볶이 OO점을 들렀다. 세트로 시켜 먹고 동행한 손님이 남은

음식을 일행에게 맛 보여주고 싶다고 해서 포장을 요청했는데 직원이 '남은 음식을 싸주면 포장 값도 안 나온다'는 등 불친절한 태도를 보였다"고 포스팅한 것이다. 이에 외국인 손님도 자신의 여행 블로그에 "한국에서는 음식을 싸달라면 화낸다"는 비난성 글을 올리며 분노를 표했다. 그리고 이 소식이 각종 SNS에 퍼지면서 일부 네티즌들이 '죠스 떡볶이'에 대한 성토를 쏟아내기 시작했다. 이에 회사측은 지체없이 공식 홈페이지와 페이스북에 공개 사과문을 올리며 모든 책임은 본사로 돌리고 전국 가맹점에 대한 자체 점검 및 교육에 들어가는 등 신속한 사태 수습에 나섰다.

이러한 상황을 해프닝 또는 일부 직원의 개인적 일탈로 치부하거나 심지어 상황 자체의 모니터링도 이루어지지 않아 **언론이 관심을 갖기 전까지 '무대응'으로 일관하는 경우**와 대비되는 사례로, 신속한 대처와 함께 특히 모든 **책임을 회사로 돌린 점이 긍정적으로 평가**받았다. 신속하고 진솔한 사과는 위기를 '전화위복'의 기회로 인도하기도 한다.

8
MZ세대를 향한
새로운 브랜딩

'흔들리지 않는 편안함' 바로 우리에게 익숙한 침대 브랜드 '시 몬스(SIMMONS)'가 지향하는 브랜드 가치다. 시몬스 침대는 1870 년 미국에서 시작된 이래 1992년 한국 법인 설립을 거쳐 1993년 한 국 시몬스에 상표권을 이전하면서 오늘에 이르렀다. 그런데 최근 시몬스가 침대가 아닌 뉴스로 세간의 이목을 집중시킨 일이 있었 는데 바로 '시몬스 그로서리 스토어 청담'(SIMMONS GROCERY STORE CHEONGDAM)의 오픈이었다. 지난 2월 청담동에 문을 연 시몬스 그로서리 스토어는 '지역과 지역, 사람과 사람을 잇는 소셜라 이징(Socializing)'을 모토로 부산 해운대에 이어 문을 연 (침대 없 는) 팝업 스토어(Pop-up Store)로, 문을 열자마자 SNS를 통한 입소 문을 타면서 오픈 전부터 줄을 서는 일명 '오픈 런'까지 펼쳐지는 지 역 명소가 되었기 때문이다.

과거의 명성과 달리 침체된 청담을 앞세워 유럽에서나 볼 수 있는 육가공 식품점의 외관을 살린 건물 매장 1층은 삼겹살 모양의 수세미 등 온갖 재미있는 소품들을 만나볼 수 있는 공간으로 꾸며졌다. 침대와는 전혀 상관 없지만 핫한 브랜드와의 컬레버레이션 굿즈도 경험할 수 있고 2층에는 부산에서 유명한 수제 버거를 맛볼 수 있는 가게가 있는데 빈 자리가 없을 정도로 인기를 끌고 있다고 한다. 같은 2층의 '시몬스 스튜디오'에서는 화려한 영상 퍼포먼스 등 다채로운 콘텐츠가 연출되고 있으며 이외에도 정서적 안정과 함께 복잡한 생각을 멈추게 한다는 일명 '멍 때리기' 영상이 편안하게 반복되기도 한다.

MZ를 향한 브랜드 커뮤니케이션

<출처: 시몬스 포스트>

시몬스 그로서리의 내부

다양한 소품을 판매하고 있는 스토어1층과 '멍 때리기' 영상 등을 접할 수 있는 2층 공간.
<출처: 시몬스 포스트>

　　그 이름에서부터 알 수 있듯이 예상치 못한 공간 구성과 다채로운 문화 콘텐츠를 앞세운 이 특별한 가게는 회사의 공식 유튜브는 물론 수 많은 MZ세대의 SNS 채널을 통해 확산되면서 일약 MZ세대의 '핫 플'(Hot Place)이 되었다.

　　시몬스는 왜 이런 시도를 하고 있는 것일까? 사실 이들의 특별한 시도는 이미 광고에서 부터 나타나고 있었다. 타사의 침대 광고가 당연히 침대를 중심으로 전개되는 것과 달리 시몬스의 광고에는 침대가 없다. 다만 수영장, 해변 등을 배경으로 편안하게 쉬고 있는 모델이 등장하거나 지하철 좌석에서 소위 '쩍벌 남'의 모습과 함께 "매너가 '편안함'을 만든다"는 자막이 비칠 뿐이다. 짧은 광고로 침대의 차별성을 강조하기 보다 브랜드의 핵심 가치 하나만을 남과 다르게,

196

중독성 있게 강조하고 있는 것이다. 그럼에도 사람들은 이 광고가 무엇을 의미하는지 알 수 있었고 2019년 시작된 광고의 기본 전략은 여전히 유지되고 있으며 이후 광고 장면을 활용한 티셔츠 제작 등이 이어지면서 새로운 시도의 씨앗이 되었다. 150년 전통에 '힙(Hip)함'이 더해지기 시작한 것이다.

이처럼 시몬스는 **브랜드가 전하고자 하는 메시지를 일방적으로 전달하는 대신 소비자가 먼저 브랜드에 대해 관심을 갖고 찾아 오도록 하고 있다.** 특히 여론 형성과 파급력을 지닌 MZ세대를 대상으로 SNS를 통한 입소문이 오프라인에서의 특이한 경험으로 이어지도록 해 신선함과 재미를 주고 궁극적으로 경험 · 소비 · 문화로 진화시키려는 전략이 담겨있는 것이다. 브랜드를 알아봐 달라고 설득을 강요하는 대신 **젊은층의 소위 '팬심'을 자극해서 스스로 브랜드를 찾도록 하자는 새로운 커뮤니케이션 방식**인 것이다. "지역 사회와 공존한다"는 선의(善意)도 담아 브랜드에 대한 호의적 태도를 함께 형성시키겠다는 의도 역시 MZ세대 소비자에게는 자연스럽게 받아들여졌을 가능성이 크다.

9
스포츠에
브랜드를 심자

매년 미국 프로풋볼리그(NFL) 결승전 '슈퍼볼' 대회를 두고 누가 우승할 것이냐 못지않게 많은 광고인들에게는 올해는 어느 기업이 슈퍼볼 광고에 참여하는지가 관심거리다. 전세계 180여개국에 중계되고 1억명 이상이 시청하는 만큼 2022년에는 30초 광고 집행 금액이 대략 80억원에 달했음에도 우리나라의 현대자동차를 비롯, 아멕스, 맥도널드, 펩시, 나이키, 버드와이저 등 글로벌 브랜드 광고들이 크리에이티브를 뽐내는 경연장이 되었다. 경기를 시청하는 인구수도 중요하겠지만 슈퍼볼에 열광하는 팬들의 열정을 고려한다면 그만한 효과가 있다는 이야기다. 이처럼 스포츠 중계 시간에 광고를 노출하는 것에서 벗어나 **팀을 비롯, 대회나 선수에 대한 직접 후원을 통한 스포츠 마케팅은 세계적 브랜드를 지향하는 기업에게는 필수적인 브랜드 커뮤니케이션 활동이 되었다.**

우리 기업 중에서는 삼성과 현대자동차가 글로벌 시장에서의 브랜드 인지도와 충성도 제고를 위해 가장 활발하게 스포츠를 활용

삼성과 현대차의 스포츠 브랜딩

올림픽 후원 삼성과 월드컵 후원 현대자동차의 스포츠 마케팅 활동. <출처: 네이버 사진 캡처>

하고 있다. 현대자동차는 전 세계가 열광하는 '월드컵'을 후원하고 있는 반면 삼성은 고급 브랜드로의 이미지 포지셔닝(Positioning) 을 위해 1997년부터 줄곧 '올림픽 공식 파트너'를 이어가고 있다. 뿐 만 아니라 유럽 축구의 열기를 활용, 명문 구단을 후원하는 등 가장 활발하게 스포츠를 브랜드 커뮤니케이션에 활용하고 있다. 이와 함 께 국내에서는 마라톤, 레슬링 등 비인기 종목 후원을 통해 기업 브 랜드에 대한 선호도를 적극적으로 끌어올리기 위해 노력하는 등 스 포츠에 대한 투자에 있어 타의 추종을 불허하고 있다.

사실 과거에는 기업의 스포츠단(團)에 대한 후원을 일종의 '사 회공헌' 활동으로 접근하는 경우가 대부분 이었던 것이 현실이다. 그 러나 이제 우리 기업들도 **스포츠에 대한 투자를 일종의 '비용'으로 여기던 것에서 벗어나 기업이나 제품이 전달하고자 하는 브랜드 가 치를 투영하기 위한 MPR(Marketing PR) 차원으로 인식하고 적극**

활용하기 시작한 것이다.

아직은 주로 국제대회 후원이나 구단 운영, 또는 업종과 연계된 선수에 대한 지원 등 스폰서십(Sponsorship) 활동이 일반적이지만 큰 비용을 들이지 않고 팬(Fan)심(心)을 자극하는 응원 이벤트 등 다양한 시도가 이어지고 있기도 하다. 이런 의미에서 오래된 사례이기는 하지만 엄청난 이벤트로 기록된 2002년 당시 SK의 붉은 악마 후원 및 이와 연계한 광고 · 마케팅 통합 커뮤니케이션 활동은 시사하는 바가 크다. 당시 SK는 월드컵 공식 후원사들보다 비교할 수 없을 정도로 큰 마케팅 효과를 거두었을 뿐만 아니라 태극전사의 활약과 더불어 온 국민을 하나로 만드는 위력을 발휘했다.

<사례> SK의 2002년 월드컵 마케팅

SK는 2002년 한 · 일 월드컵을 앞두고 고민에 빠졌다. 경쟁 관계에 있는 공식 후원사들이 대대적인 마케팅 활동을 준비하고 있는 반면에 공식 후원사가 아닌 탓에 월드컵과 관련된 어떠한 표현도 사용할 수 없는 등 커뮤니케이션 활동에 대한 제약에 직면해 있었기 때문이었다. 이러한 상황에서 고민 끝에 나온 것이 바로 '붉은 악마'와 함께 펼친 응원 이벤트였다.

당시 SK는 그룹 차원에서 붉은악마 응원단과 함께하는 응원 이벤트 방안을 그룹 내에서 소비자 접점이 큰 SK텔레콤을 통해 진행 토록 건의했고 붉은 악마와의 협의 끝에 '붉은 악마가 되라(Be The Reds)'는 슬로건을 앞세운 국민 응원 이벤트가 탄생하게 되었다. '4,000만이 붉은 악마가 될 때까지'라는 슬로건은 물론 '대~한 민국 짝짝짝 짝짝' 박수 응원'과 '오~필승 코리아'의 흥겨운 멜로디가 합 쳐지면서 '월드컵 = 붉은 악마 = SK텔레콤'이라는 공식을 만들어낼 수 있었다. 결국 SK는 온 국민이 함께한 응원 이벤트를 통해 공식 스 폰서인 경쟁사보다 적은 비용으로 훨씬 강력한 홍보 효과를 누렸다 는 평가를 받았다. 그리고 어떤 평가 보다 중요한 것은 '대~한 민국' 함성이 여전히 온 국민을 하나로 묶는 대표 응원 구호가 되었다는 것 이다.

많은 비용을 들여 글로벌 스폰서십을 실행할 수 있다면 좋겠지 만 그렇지 못하다면 **자사의 브랜드 아이덴티티와 잘 부합할 수 있는**

분야를 선정하는 것이 무엇보다 중요하다. 일부 기업의 경우 총수나 주요 경영진의 선호에 따라 종목 또는 후원 선수가 정해지는 경우도 볼 수 있는 것이 현실이기 때문이다. 이와 함께 **단기적 성과에 집착하지 않고 진정성 있는 마음으로 후원**을 지속한다는 자세도 필요하다. 개인 미디어의 발달과 어느 때보다 똑똑해진 소비자로 인해 단기적 성과에만 집착하는 성급함은 오히려 부정적 결과를 초래할 수 있기 때문에 주의해야 한다.

또한 브랜드 자산을 형성시키는 데는 수많은 요인이 영향을 미치는 만큼 스포츠 후원 활동에 대한 인지도나 선호도를 파악하고 이런 활동이 기업 이미지 또는 마케팅 성과에 미치는 효과를 측정하기 위한 자체 평가 방식의 정립 및 피드백 역시 필수적이다.

브랜드 이미지를 각인시키기 위해서는 '나를 알아달라'고 일방적으로 외칠 수많은 없다. 적절한 브랜드 스토리를 통해 애착을 불어넣는 것이 필요한데 이런 점에서 스포츠가 충분한 위력을 발휘할 수 있다는 것은 확실해 보인다. 바로 '팬(Fan)심(心)'이라는 열정에 편승할 수 있기 때문이다. 스포츠에 큰 관심이 없는 나도 한 때 우리의 '캡틴 박'이 활약했던 맨체스터 유나이티드(MU) 팀 유니폼에 새겨진 'AON(미국의 보험회사)'과 그야말로 최고의 전성기를 맞은 손흥민의 토트넘을 후원하고 있는 'AIA(홍콩의 보험회사)'라는 브랜드를 기억하게 되었으니 말이다.

10
내부 브랜딩(Internal Branding)도 중요하다

바야흐로 '소통(疏通)'이 시대의 화두가 되었다. 그리고 이제 **'소통'은 단지 화두를 넘어 기업에 있어 조직 경쟁력의 근원으로 자리매김하며 CEO의 주요 아젠다로서 그 중요성을 인정받고 있다.** 이처럼 소통의 중요성을 인식한 많은 기업들은 사내 커뮤니케이션(Internal Communication)을 활성화 시키는 등 내부 경쟁력 제고의 수단으로 활용하고 있다. 이에 따라 그 수단도 전통적 미디어인 사보(社報)·사내 방송을 넘어 트위터(Twitter) 등 다양한 미디어로 확대되고 있다. 그러나 그 안을 자세히 들여다보면 공통적으로 아쉬운 점이 있는데, 그것은 바로 기술적 측면을 중시하다 보니 사내 커뮤니케이션 메시지에 대한 '전략적' 측면이 자주 간과되고 있다는 점이다. 대부분의 기업들이 서로 비슷한 미디어를 통해 서로 유사한 내용을 쏟아내며 때로는 메시지 과잉 현상마저 일으키고 있는 것이다.

여러분의 회사를 한번 돌아 보면 우리 회사가 전략적인 소통을 하고 있는지 그렇지 못한지 알 수 있을 것이다. 주요 경영진 동정

Nothing but Brands

과 일상적인 경영활동 관련 소식은 그렇다 치더라도 많은 비용과 시간을 들여 제작되는 이런 저런 기획과 특집은 누구에 의해, 그리고 어떤 전략적 판단에 따라 기획되고 커뮤니케이션 되고 있는가. 앞서 언급한 것처럼 'How to Say'에 지나치게 몰입, 정작 중요한 '**What to Say**'를 놓치고 있지는 않은지 점검해 볼 필요가 있다. 그렇다면 **내부 커뮤니케이션 메시지의 전략적 출발점은 무엇이 되어야 하는가? 이에 대한 답 역시 브랜드 아이덴티티에서 찾아야 한다.** 적어도 한 회사의 브랜드 아이덴티티가 명확히 정의되어 있고 이것이 내부적으로 일관되게 소통되고 공유되어 있지 않다면 그 회사의 브랜드 관리는 한계에 다다를 수 밖에 없기 때문이다. 경영진과 브랜드 관리 부서 중심으로 정의된 브랜드의 약속이 어떻게 내부 커뮤니케이션 활동을 통해 모든 구성원에게 이해되고 **내재화** 될 수 있을까? 이

SK의 사내 커뮤니케이션 플렛폼과 방송

것이 바로 내부 커뮤니케이션의 메시지를 고민할 때 출발점이 되어야 하는 것이다. 그리고 이것을 '전략'이라고 말할 수 있다.

앞 장의 '아이덴티티 정교화'에서 설명했듯이 우리 회사의 조직 개성 가치(Organization Identity)가 '혁신'이라면 조직 운영은 물론 구성원들이 사용하는 언어 · 생활까지도 이에 맞춰져 있어야 하며 외부에서 보고 느끼기에도 '혁신적'이라고 공감해 주어야 한다. 이를 위해 **사내 커뮤니케이션을 책임지는 사람은 이러한 가치가 조직 전체에 내재화될 수 있도록 다양한 방법을 통해 커뮤니케이션 해야 하며 그 효과를 지속적으로 모니터링하고 다시 전략 수립에 반영해야 한다. 이것이 바로 전사적(全社的) 브랜드 관리(Holistic Brand Management)가 궁극적으로 지향하는 방향성**인 것이다.

전략적 사내 커뮤니케이션을 위해서는 회사 또는 제품이 약속하고 있는 브랜드 아이덴티티가 우선 고려되어야 한다는 측면에서 **사내 커뮤니케이션**은 일종의 **내부 브랜딩(Internal Branding)**인 것이다.

미(美) 육군사관학교 웨스트포인트의 두꺼운 전투 교본을 반으로 줄이고 이를 또 다시 반으로 줄이는 과정을 반복하면 마지막으로 남는 한마디가 있다고 합니다. "Follow Me!" 전장(戰場)에서 기억되고 어떠한 순간에도 통해야 하는 리더의 한 마디일 것입니다. 브랜드 아이덴티티 역시 이와 같은 것입니다.

더욱 치열지는 평판(Reputation) 획득의 전장(戰場)에서 당신의 회사에는 강력하고 약속된 아이덴티티가 있습니까? "볼보하면 안전" 처럼 소비자들은 당신의 회사를, 또는 제품을 명확하게 인식하고 있습니까? 그 답이 "No라면 이 책을 읽는 수고가 그 답이 될 수 있기를 기대해 봅니다.

Nothing but Brands

□ 참고 문헌 · 인용 관련 □

책을 발간함에 있어 다양한 사례와 인용(引用)이 활용되었습니다. 서강대학교 전성률 교수님의 브랜드 전략 관련 일부 강의 내용을 비롯, 미국 브랜드 · 마케팅 학계의 거목인 데이비드 아커(David. A. Aaker)의 <브랜드 경영>과 <브랜드 리더십>, 그리고 케빈 켈러(Kevin L. Keller)의 <브랜드 매니지먼트>의 일부 내용도 참고 되었습니다.

그리고 지금은 시비스가 중단되었지만 광고와 마케팅 관련 주요 소식을 광고주에게 서비스해 주었던 <중앙일보>의 '마케팅 뉴스레터'도 참고가 되었습니다. 관련 내용을 다룬 우리 언론의 기사도 큰 도움이 되었습니다. 많은 분들께 다시 한번 감사의 말씀을 전합니다.

부록 :

SK의 브랜드 관리 사례

SK의 브랜드 관리 사례

절 국 미 래 드

NOTHING BUT BRANDS

INTRO

아이덴티티의 설정 및 관리가 비교적 명확한 제품·서비스 또는
개별 기업의 브랜드 관리와는 달리
그룹 차원의 공통 브랜드 관리에는 포괄성에 따르는 관리의 모호함이 존재한다.
그래서 대부분의 경우 브랜드의 관점보다는
'홍보 차원'에서 관리되는 경우가 일반적이다.

SK는 2005년 '행복 추구' 정신을 브랜드의 핵심 가치로 정하고
그룹의 얼굴인 'SK 행복날개'를 정립, 디 체계를 통합했다.
또한, 브랜드 관리 체계 수립 등의 성과를 인정 받아 2010년 그룹 브랜드로는 처음으로
제2회 대한민국 브랜드 대상에서 '대통령상'을 수상하기도 했다.

첨부는 당시 소개 자료로, 시간이 지났지만 기본적인 내용은
변함없이 적용될 수 있는 만큼 일부 내용을 소개한다.

CONTENTS

01 개요

02 브랜드 관리 활동

03 주요 성과

SK 이브 브랜드커뮤니케이션

그룹 브랜드 관리의 개념

브랜드를 통한 '고객 공유' 개념을 통해 공동 브랜드 SK를 중심으로 브랜드를 체계적으로 관리하고 있음

"휴대폰 가입은 SK로 할까? LG로 할까?"
"차 기름이 떨어졌는데 SK, S-Oil로 갈까?"
"어떤 아파트 구입하지? 삼성, SK?"

"고객은 개별 브랜드보다 기업의 대표 브랜드를 선택의 대상으로 인식하고 있음"

주유소
SK 47.6%

통신서비스
SK 49.2%

아파트
현대 44.5%

*TOM(Top of Mind %)

기업 브랜드(특히 그룹 Level의 '공유' 브랜드)는 고객에게 실질적 구매의 대상이 되는 중요한 역할을 하는데 비해 전략적 중요도나 개별 브랜드와의 Synergy 측면이 중요하게 다루어지지 않고 있는 것이 현 실임

SK그룹은 그룹의 성장이 '브랜드'를 통한 고객 공유에 있다'고 규정하고 핵심 자산인 브랜드를 그룹 차원에서 전략적, 체계적으로 관리하기 위한 노력을 기울여 왔음

특히, 공유 브랜드를 중심으로 관계사 브랜드와 Synergy를 고려한 브랜드 전략 및 Comm. 계획을 수립·집행하고 이를 효율적으로 지원하기 위한 규정·조직·교육 Infra 등 남다른 브랜드 관리 체계를 보유하고 있음

결국: 브랜드

[Appendix] 공통 브랜드와 관계사 브랜드의 관계

SK 브랜드는 광범위한 이해관계자를 대상으로 기본적인 신뢰도와 인지도를 구축함으로써 관계사의 시장 진입 시
인지도 확보, 또는 사업 운영을 위한 고객 확보의 기반을 제공하고 있음

주요 관계사 브랜드 상기도

■ SK ■ SK관계사명 ■ 기타

*전체 상기도 96.5%   *전체 상기도 98.0%   *전체 상기도 37.1%

	에너지	정보통신	건설
기타	13.5	0.5	37.1
SK관계사명	16.0	32.6	0
SK	67.0	64.9	

관계사 브랜드보다 공통 브랜드 'SK'가
고객 구매 대상으로 공유되고 있음

관계사 브랜드는 실질적인
고객의 생활 속에 실질적인
선호와 구매 대상으로 공유·되고 있음

브랜드 역할 분담

구분	공통브랜드	관계사 브랜드
목표성과	인지도 및 선호도	구매의도 및 충성도
브랜드 Comm. 방향	감성적이미지중심그룹의 포괄적가치전달(OK!SK!)	사업·목표고객 성에 기반한기업 의 차별적 가치전달
목표고객	일반대중 정부 및 광범위 인멘제및 미래의 이해관계자	고객·투자자 업계 이해관계자
관리관점	! Top-down Synergy 통한전체관계사의 브랜드성과향상 ! 브랜드 의 일 관자사용 통한효율 성향상	! 브랜드 Comm. 을통한 개별사업성과향상 ! 목표 고객중심의 Comm. 및 브랜드경험 제공

01개요   02브랜드 관리 활동   03주요 성과

SK 의 브랜드 관리 사례

214

SK Brand 중심 경영 History

1997년 SK로의 브랜드 통합을 시작으로 2005년 Brand Identity를 반영한 'SK행복날개'를 Launching 했으며,
2007년 지주회사 출범을 제기로 '3대 핵심자산'으로서 Brand 관리에 나섬

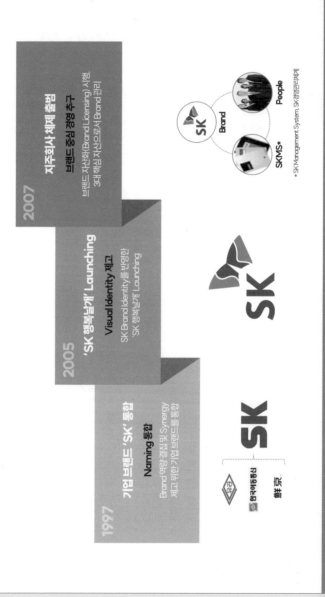

1997

기업 브랜드 'SK' 통합

Naming 통합

Brand 역량 결집 및 Synergy
제고 위한 기업 브랜드를 통합

2005

'SK 행복날개' Launching

Visual Identity 제고

SK Brand Identity를 반영한
'SK 행복날개' Launching

2007

지주회사 체제 출범

브랜드 중심 경영 추구

브랜드 자산화(Brand Licensing) 시행,
3대 핵심 자산으로서 Brand 관리

* SK Management System, SK경영관리세계

Brand

People

SKMS*

SK Brand 자산화

SK 브랜드는 SK 그룹을 정의하는 핵심 요소이자 그룹 및 관계사 가치 창출의 기반으로서 위상을 공고히 함

SK 브랜드 = SK 그룹 定義의 핵심 요소

- SK그룹을 "Brand와 기업문화를 공유하는 기업 경영에 합의한 기업"으로 정의

- SK Brand는 그룹 및 관계사 성과 창출을 위한 핵심 영역임(3개 Value)

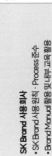

그룹 · 관계사
가치제고

가치
창출

가치
보호

SK People

SK Brand

SKMS · SK Management System SK경영관리체계

Brand의 자산화

- SK Brand 사용에 대한 의무 명문화

  >> 브랜드 체계 관리의 기반 역할

SK Brand 사용 절차 규정
[1조] 관계사의 SK Brand 사용
관계사는 SK Brand를 사용함에 있어 SK Brand 가치의 유지 및 발전을 위해 다음 각 호의 내용을 준수해야 하…

SK Brand 사용 회사
- SK Brand 사용 원칙 · Process 준수
- Brand Manual 활용 및 내부 교육 활용

CONTENTS

결국: 브랜드

Brand 관리 Framework

Brand Identity를 바탕으로 한 전략적 브랜드 관리 활동과 이를 지원하기 위한 Infra를 구성하는 등
효과적인 브랜드 관리 체계를 구축·운용하고 있음

Major Strategy Activities

Brand Identity

- **Brand Elaboration**
  Brand Identity 구체화 프로그램

- **Brand Architecture**
  기업·제품 브랜드 체계 관리

- **Brand Communication**
  광고·Promotion
  PR·Event·Sponsorship

- **Brand Image·Equity**
  브랜드 성과 평가·Feedback

Supporting Infrastructure

System
- CI·SK 브랜드 사용 규정
- 브랜드 성과 평가 Model
- 브랜드 법적 권리 보호 등

Organization
- 그룹 차원 브랜드 관리 조직
- 관계사 브랜드 관리 조직
- 각종 관련 소위원회

Competence
- SK Brand Academy
  (브랜드 전문가 과정)
- Brand Workshop
- 신입·경력 구성원 교육

*All Icon designed by Freepik

218

SK 의 브랜드관리사례

01 개요   02 브랜드관리활동   03 주요 성과

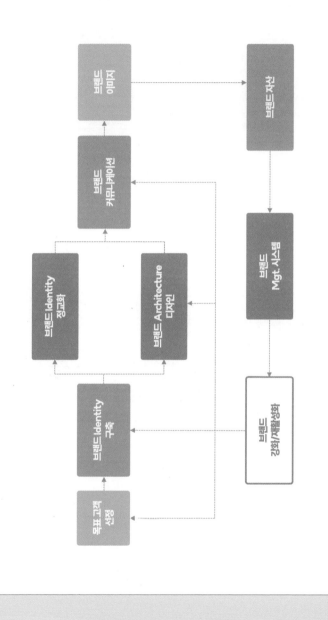

* 참조 : Strategic Brand Management Process

Brand Identity 구성 요소 및 역할

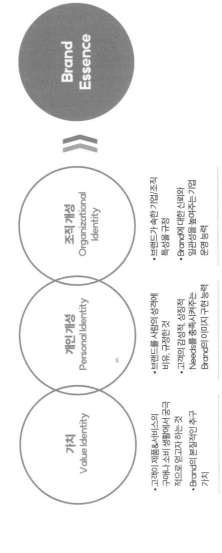

Brand Essence

가치
Value Identity

개인 개성
Personal Identity

조직 개성
Organizational Identity

- 고객이 제품&서비스의 구매나 소비 생활에서 궁극적으로 얻고자 하는 것
- Brand의 본질적인 추구 가치

- 브랜드를 사람의 성격에 비유, 규정한 것
- 고객의 감성적, 상징적 Needs를 충족시켜주는 Brand의 이미지 구현 능력

- 브랜드가 속한 기업/조직 특성을 규정
- Brand에 대한 신뢰와 일관성을 높여주는 기업 운영 능력

Fun

Young & Professional

Traditional

Innovational

People

Royal

Brand Identity

SK Brand Identity는 SK의 추구가치와 그 가치를 구현할 수 있는 능력 및 차별적 경쟁력을 고객 및 내부 조사, 그룹의 경영원칙 등을 반영해 도출되었음

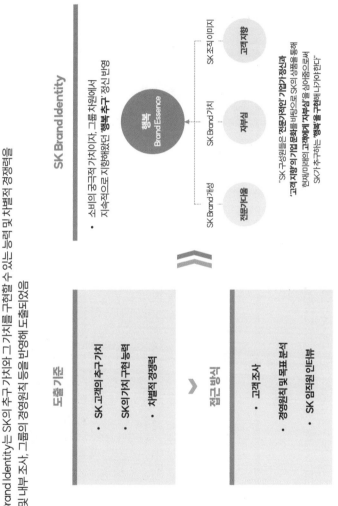

도출 기준
- SK 고객의 추구가치
- SK의 가치 구현 능력
- 차별적 경쟁력

접근 방식
- 고객 조사
- 경영원칙 및 목표 분석
- SK 임직원 인터뷰

SK Brand Identity

- 소비의 궁극적 가치이자, 그룹 차원에서 지속적으로 지향해왔던 **'행복 추구'** 정신 반영

행복 Brand Essence

SK Brand개성 — 전문가다움
SK Brand가치 — 자부심
SK 조직이미지 — 고객지향

"SK 구성원들은 '전문가적인' 기업가정신과 '고객지향'의 기업 문화를 바탕으로 SK의 상품을 심어줌을 통해 현재/미래의 고객에게 '자부심'을 심어줌으로써 SK가 추구하는 '행복'을 구현해 나가야 한다"

Nothing but Brands

결국: 브랜드

[Note] SK Brand Identity 도출 과정

'고객 공유'(한 사람의 고객이 SK의 다양한 제품·서비스를 이용) 차원에서 브랜드의 핵심 가치와 이미지를 도출하기 위해 차별적인 방법론을 활용해 도출함

Process

STEP 1
SK 핵심 고객인 통신과 주유 고객 대상
Loyalty Segmentation

STEP 2
잠재 고객 혹은 비고객 대비
SK 공유 고객化 될 수 있는 SK의 가치,
개성적 능력 분석

STEP 3
SK의 [구현 능력],
[경영추구방향 연계성] 등의
분석을 통해 Identity 도출

Approach

• 일반 고객 및 SKT, SK주유소 공통 이용 고객 대상 조사

잠재 고객
현재이동(이통) 또는 SK주유소 중 하나를 이용이용 (가능)

공유 고객
현재이동(이통) 통신 & SK주유소 모두 이용이용 (가능)

비 고객
현재이동(이통) 통신 & SK주유소 모두 비이용이용

판별분석   판별분석

Brand Architecture 관리

다양한 사업 영역 및 제품·서비스에서 올바르고 효과적으로 SK 브랜드를 사용하기 위한 기준과 원칙을 정립, Brand Architecture를 관리하는 기준으로 활용하고 있음

SK 브랜드 심의·승인 절차

- 기업·제품명 신규 개발 또는 기존 브랜드에 SK를 사용하고자 할 경우 브랜드 사용 심의를 거쳐야 함

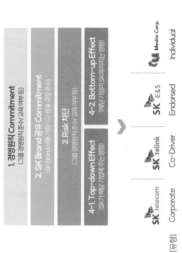

[기업의 경우, 4가지 브랜드 유형을 적용 중 *우측 참조]

SK 브랜드 심의 Model

- 경영원칙과 브랜드의 공유·실천을 4가지 조건으로 설정
- 이해관계자 행복 추구와 SK Brand Identity 강화에 기여 여부를 중요 기준으로 고려하고 SK 브랜드와 관계사 브랜드間 (긍정/부정)영향 고려, 유형 조정

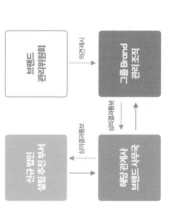

1. 경영원칙 Commitment
(그룹 경영원칙 준수/교육 여부 등)

2. SK Brand 공유 Commitment
(SK Brand 사용 기준/CI/상표 규정 준수)

3. Risk 차단
(그룹 경영원칙 준수/교육 여부 등)

4-1. Top-down Effect
(SK가 해당 기업에 주는 영향)

4-2. Bottom-up Effect
(해당 기업이 SK에 미치는 영향)

[유형]
SK telecom — Corporate
SK telink — Co-Driver
SK E&S — Endorsed
tu Media Corp. — Individual

Brand Communication

그룹 공동 광고인 'OK! SK' 캠페인을 통해 Brand 핵심 가치(행복)의 감성적 측면을 일관되게
전달해 오고 있으며, 고객이 공감할 수 있는 소재를 통해 효과를 제고함

그룹-관계사間 Role Play

- 'OK! SK' 캠페인과 관계사/기업 브랜드 광고 간 Role
  Play를 통해 캠페인의 Synergy를 제고하고 있음

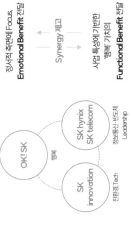

정서적 측면에 Focus,
Emotional Benefit 전달

↑ Synergy 제고 ↓

사업특성에 기반한 '행복' 가치의
Functional Benefit 전달

SK Brand의 핵심 가치 전달

- Identity인 '행복'의 감성적 가치 지속 전달
- 고객 확대(사회, 국가) 등을 통해 '행복' 개념 확장

일관성 유지

- 1998년 캠페인 Launching 이후 오랜 기간 동안
  장기 캠페인 진행

고객과의 공감대 형성

- 기업의 일방적 주장이 아니라 고객이 공감할 수 있는
  사회 흐름 및 Issue를 캠페인 소재로 활용
  (IMF, 밀레니엄, 월드컵, 수능시험 글로벌 경제위기 등)

[Note] Brand Power Index(BPI) 평가 모델

Brand Power를 구성하는 세 가지 원천(친숙도, 기능적 속성, 감성적 속성)과 그 세부 요소를 분석하는 Model을 설정하고,
고객 조사를 통해 요소 간 관계 및 BPI를 도출함

개요

- 그룹 Brand 및 공중 대상 Brand 영향력이 큰 회사 중심 실시
- 주요 Target Audience 1,000명 1:1면접 조사 BPI는 100점 만점으로 환산 도출
- 경쟁사 대비 상대적 위상 분석(중요도-평가 Matrix)
  - 기능적/감성적 속성을 중요도와 평가 두 차원으로 Matrix 분석, 중요도 높고 평가 낮은 개선 항목 도출 등에 활용

활용

- 관계사 차원의 성과 평가와도 연계 분석
- 중점 강화 속성 등 주요 관계사 공유, Synergy 추구
  - ▶ Brand 강화를 위한 전략 방향 도출에 활용

BPI(Brand Power Index) 평가 Model

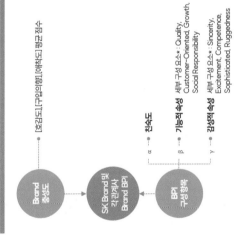

- [호감도][구입의향][애착도] 평균 점수

α → 친숙도

β → **기능적 속성** 세부 구성 요소 : Quality, Customer-Oriented, Growth, Social Responsibility

γ → **감성적 속성** 세부 구성 요소 : Sincerity, Excitement, Competence, Sophisticated, Ruggedness

Brand 충성도

SK Brand 및 각 관계사 Brand BPI

BPI 구성항목

* 세부 구성 요소는 큰 분류로 각 항목별로 다수의 세부 속성
(예 : Quality 항목에는 지각된 품질 등을 평가하며 기업 특성에 맞게 구성 가능)

Nothing but Brands

[Note] Brand Power Index(BPI) 평가 모델

Brand Power를 구성하는 세 가지 원천(친숙도, 기능적 속성, 감성적 속성)과 그 세부 요소를 분석하는 Model을 설정하고, 고객 조사를 통해 요소 간 관계 및 BPI를 도출함

BPI(Brand Power Index) 평가 Model

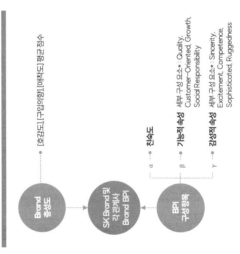

α — 친숙도

β — **기능적 속성** 세부 구성 요소: Quality, Customer-Oriented, Growth, Social Responsibility

γ — **감성적 속성** 세부 구성 요소: Sincerity, Excitement, Competence, Sophisticated, Ruggedness

- Brand 충성도 → [호감도][구매의향][애착도] 평균 점수
- SK Brand 및 각 관계사 Brand BPI
- BPI 구성항목

*세부 구성 요소는 큰 분류로, 각 항목별로 다수의 세부 속성
(예: Quality 항목에는 지각된 품질 등)을 평가(하며 기업 특성에 맞게 구성 가능

개요

- 그룹 Brand 및 공중 대상 Brand 영향력이 큰 회사 중심 실시
- 주요 Target Audience 1,000명 1:1 면접 조사 BPI는 100점 만점으로 환산 도출
- 경쟁사 대비 상대적 위상 분석(중요도-평가 Matrix)
  - 기능적/감성적 속성을 중요도와 평가 두 차원으로 Matrix 분석, 중요도 높고 평가 낮은 개선 항목 도출 등에 활용

활용

- 관계사 차원의 성과 평가와도 연계, 분석
- 중점 강화 속성 등 주요 관계사 공유, Synergy 추구
- ▶ Brand 강화를 위한 전략 방향 도출에 활용

브랜드의 법적 보호

SK는 브랜드의 사용에 있어 주요 영역별 규정을 수립, 운영하고 있으며 법적 보호에도 관심을 기울이고 있음

CI 사용 관리

- CI 사용 규정 정립·운영 통한 Visual Identity 유지
- 규정이 없거나 보완이 필요한 경우 정기적인 Upgrade 실시
- 경쟁 관계사별 자체 검수 및 그룹 차원의 연간 CI 검수 통해 오남용 사례 시정

CI 작업 Process

현업 부서의 CI 작업 요청
- CI 작업 검토 및 관리
  ▶ 분사 및 지방·해외 사업장, 자회사 차 챙임 관리
  ▶ Application 제작 L/H/C

각사 브랜드사무국 사전 검토
- 그룹 차원의 CI 관리/검수
- CI 작업 기준 수립/Update
- 임직원 교육 프로그램 운영

필요시 그룹과 협의

CI 작업
- CI 작업 사항 Review
  (각사 브랜드사무국)

브랜드 법적 보호

- 구성원들이 SK 상표권 침해에 대한 제보와 함께
- 상표권 침해 업체 전국 단위 정기 점검 및 시정 조치
  ▶ 금융업(SK파이낸스) 등 소비자 오인지로 인한 피해 예방 차원
- 또한, SK 브랜드 심의를 받지 않은 내부 임의 사용 사례가 발생하지 않도록 점검 및 시정

시정 사례

[SK Finance] [SK 인테리어] 등 소비자 혼란 및 이에 따른 피해 예상 가능한 업종 등 중점 점검

Nothing but Brands

내부 교육(Internal Branding)

그룹 차원의 기본 교육 및 브랜드 관리 실무자를 중심으로 한 역량 강화 교육 프로그램 등을 통해
브랜드 관리 Mind-Set 및 전문성을 강화하고 있음

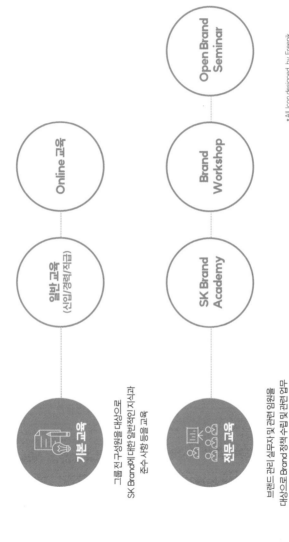

기본 교육

그룹 전 구성원을 대상으로
SK Brand에 대한 일반적인 지식과
준수 사항 등을 교육

일반 교육
(신입/경력/직급)

Online 교육

전문 교육

브랜드 관리 실무자 및 관련 임직원을
대상으로 Brand 정책 수립 및 관련 업무
수행에 필요한 전문 지식을 교육

SK Brand
Academy

Brand
Workshop

Open Brand
Seminar

*All Icon designed by Freepik

브랜드 경영 실천 노력

기업 경영 철학에의 반영 및 구성원 모두가 적극적으로 참여하는 경영활동을 통해
SK Brand의 핵심 가치를 실천하기 위해 노력하고 있음

경영철학 반영 통한 실천력 제고

- SKMS (SK경영원칙; SK Management System)

"기업 가치 추구의 궁극적 목적은
이해관계자의 행복"

"SK 브랜드는 행복 추구의 상징으로서,
고객 중심의 행복 추구 경영이 정착 되도록
SK 관계사들이 함께 노력"

사회적 가치(Social Value) 적극 추구

- 그룹 차원의 사회공헌,
  '상생 경영' 실천 차원을 넘어

- 지속적 사회공헌 활동 수행
  ▶ 사회적 목적을 추구하면서 동시에
  이수익 활동을 수행하는
  '착한 기업'을 통해 사회문제 해결

- '사회적 가치' 추구
  ▶ Biz Model이 가치를 경제적
  가치와 사회적 가치의 합으로
  정의해 혁신을 달성

CONTENTS

주요 성과

경영상의 실천이 뒷받침된 체계적인 브랜드 관리를 통해 '고객 행복'은 SK의 차별적인 브랜드 자산으로 자리 잡았으며,
관계사 Benefit 및 SK 브랜드의 경쟁력도 강화되었음

'고객 행복' 브랜드 자산 확보

'OK! SK' 브랜드화

- 지난 5년간 Slogan 연상(위 유지 및 호감도 약 80%

- 'OK! SK' 캠페인 중학교 국어 교과서 수록 (광고 순기능 사례로 소개/기업광고 유일)

- 단순한 캠페인 Slogan에 머물지 않고 관계사 마케팅 브랜드로 확장되는 등 대표적 브랜드 자산으로 자리잡음

예:

내재적 성과

- 'SK 행복날개'의 성공적 정착

- SK 브랜드파워 지속 상승

62.53　64.0　67.11

- '행복하면 생각나는 기업=SK'

*성위 10위(TOM %)

SK 35.6
A 33.3
B 12.4
C 6.0
D 5.1
E 1.9

- 구성원의 브랜드 관리 중요성에 대한 인식 변화 등 'Holistic' Brand 관리 기반 구축

- 그룹·관계사 브랜드 間 시너지

- 전문역량 보유 Brand Manager 내부 자산화